Bibliografische Information der Deutschen Nationalbibliothek:

Die Deutsche Bibliothek verzeichnet diese Publikation in der Deutschen National-
bibliografie; detaillierte bibliografische Daten sind im Internet über http://dnb.d-
nb.de/ abrufbar.

Impressum:

Copyright © 2014 GRIN Verlag, Open Publishing GmbH
Druck und Bindung: Books on Demand GmbH, Norderstedt Germany
ISBN: 9783656768517

Dieses Buch bei GRIN:

http://www.grin.com/de/e-book/282400/konzeption-eines-management-self-service-
fuer-den-bereich-hr-am-beispiel

Sascha Bajonczak

Konzeption eines Management Self Service für den Bereich HR. Am Beispiel einer Collaboration Platform

GRIN Verlag

GRIN - Your knowledge has value

Der GRIN Verlag publiziert seit 1998 wissenschaftliche Arbeiten von Studenten, Hochschullehrern und anderen Akademikern als eBook und gedrucktes Buch. Die Verlagswebsite www.grin.com ist die ideale Plattform zur Veröffentlichung von Hausarbeiten, Abschlussarbeiten, wissenschaftlichen Aufsätzen, Dissertationen und Fachbüchern.

Besuchen Sie uns im Internet:

http://www.grin.com/

http://www.facebook.com/grincom

http://www.twitter.com/grin_com

FOM Hochschule für Oekonomie & Management Essen

Bachelor-Thesis

Konzeption eines Management Self Service für den Bereich HR, am Beispiel einer Collaboration Platform

Student: Sascha Peter Bajonczak

Inhaltsverzeichnis

Tabellenverzeichnis

Abbildungsverzeichnis

Abkürzungsverzeichnis

BLOB	Binary Large Object
RBS	Remote BLOB Storage
ECMS	Enterprise Content Management System
ASP.NET	Active Server Packages .NET
BI	Business Intelligence
XML	Extensible Markup Language
CAML	Collaborative Application Markup Language
MbO	Management by Objectives
AD	Active Directory
LDAP	Lightweight Directory Access Protocol
NTLM	NT LAN Manager
IIS	Internet Information Services
CMS	Content Management System
SSL	Secure Sockets Layer
HR	Human Ressources
MS	Microsoft
TFS	Team Foundation Server
IDE	Integrated Development Environment
CD	Corporate Design

1 Einleitung

Das vorliegende Dokument beinhaltet die Abschlussarbeit von Sascha Peter Bajonczak. Er ist Student an der Fachschule für Oekonomie und Management im Studiengang Wirtschaftsinformatik und behandelt das Thema „Konzeption eines Management Self Service für den Bereich HR, am Beispiel einer Collaboration Platform". Die Abschlussarbeit wurde im Rahmen eines Kundenprojekts bei der RealCore Services GmbH erstellt. In diesem Dokument wird das Projekt und die dazugehörige Konzeption erklärt. Dazu gehören unter anderem eine Analyse der IST-Situation, das daraus resultierende SOLL Ziel, die Vorgehensweise, Projektplanung, und das Ziel, sowie die Beschreibung der Durchführung des Projekts.

1.1 Motivation

In der heutigen Zeit ist das Thema Kollaboration ein wichtiger Bestandteil vieler Unternehmen geworden. Der Know-How transfer steht dabei an vorderster Stelle. Als Unterstützung bietet Microsoft das System SharePoint als Kollaborationsplattform an. Ziel dieser Plattform ist, eine zentrale Stelle zu schaffen, in dem Dokumente und auch Informationen bereitgestellt sind. Es ist in der Lage simple Geschäftsprozesse mit Hilfe von Workflows umzusetzen, jedoch reicht eine simple Implementierung nicht immer aus.
Die Motivation zu dieser Arbeit besteht also dazu, die Prozesse des Kunden im SharePoint für seine Bedürfnisse anzupassen und zu erweitern.

1.2 Zielsetzung

Das Ziel dieser Arbeit ist es, einen Management Self Service für ein Unternehmen im SharePoint System zu konzipieren. Speziell beschränkt sich die Arbeit auf das Thema Mitarbeitergespräche und dessen Performance Messung. Ebenso gilt die Einschränkung auf dem SharePoint Foundation Server in der Version 2010, da der Kunde diese Systemversion Produktiv einsetzt. Der Absolvent somit unter Beweis stellen, das er durch das Studium das Fachwissen angesammelt hat, um Projekte Planen und führen zu können.

2 Grundlagen

Bevor die Thesis das Hauptthema behandelt, müssen jedoch ein paar Grundlagen definiert werden. Angefangen mit den Grundlagen zur Mitarbeiterbeurteilung, dort wird das Wesentliche über die Mitarbeiterbeurteilung erläutert. Anschließend sind die eingesetzten Methoden zur Bewertung erläutert, jedoch beschränkt sich dies auf die am häufigsten eingesetzten Methoden, da sonst der Rahmen der Thesis gesprengt würde. Damit auch das soziale Verständnis aufgebaut wird, ist abschließend die Bedeutung für das Führungspersonal und auch die Mitarbeiter bezüglich der Beurteilung definiert.

Im darauf folgenden Kapitel wird das Grundwissen für ein Content Management System (CMS) bzw. Enterprise Content Management System (ECMS) aufgebaut. Da das zu entwickelnde System für Mitarbeitergespräche mit Metadaten (Name des Mitarbeiters, Position usw.) arbeitet, wird das Thema Metadaten im Kapitel 2.2 genau definiert.

Auf Basis dessen kann auch das Microsoft SharePoint System erläutert werden. Dies ist für das zu entwickelnde System eine Voraussetzung. Deswegen werden die verwendeten Techniken hier thematisiert. Begonnen von der Architektur des Systems, über die Definition der sogenannten SharePoint-"Features", bis hin zu den eingesetzten Methoden im Bereich der Datensicherheit.

2.1 Mitarbeiter-Beurteilung

Dieses Kapitel behandelt die Fragestellung, warum die Mitarbeitergespräche geführt werden. Es betrachtet die Ansichten der Bilanzen und die der Personalabteilung. Nachdem diese Grundlage aufgebaut ist, werden die verschiedenen Bewertungsmethoden für die Mitarbeiter beschrieben. Dies bildet eine Basis für das geführte Mitarbeitergespräch und der darauf aufbauenden Zielvereinbarung. Zum Schluss des Kapitels wird noch kurz über die Bedeutung der Führungskräfte und auch der Mitarbeiter gesprochen, damit auch dem Leser den Nutzen der Beurteilung verständlich gemacht werden kann.

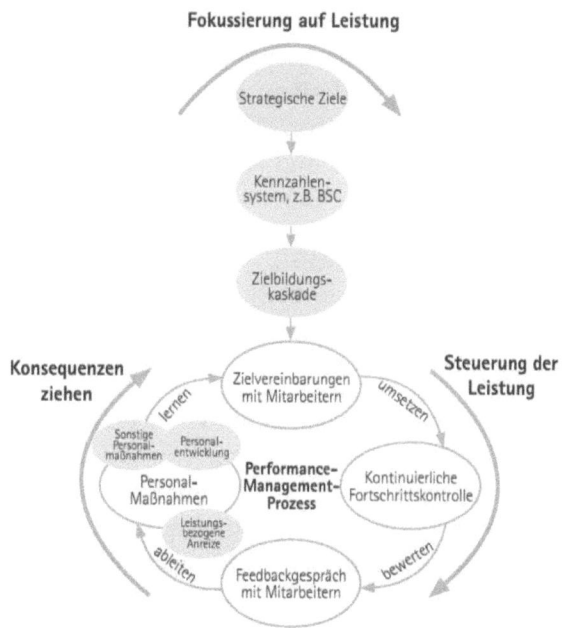

Abbildung 1: Gesamtablauf eines Performance Managements im Unternehmen

Performance Management

Das Performance Management ist ein globaler Prozess, in dem das Unternehmen zuerst seine Unternehmensziele definiert. Beispielsweise könnte dies eine Umsatzsteigerung von 5% zum Vorjahr sein. Sind diese Ziele gesetzt, kann das Performance Management eine Hilfe zu deren Verfolgung darstellen. Der Gesamtprozess des Performance Managements ist in Abbildung 1 dargestellt[1]. Da der Ressource Mitarbeiter sicherlich ein hoher Stellenwert im Rahmen der geplanten Ziele eingeräumt wird, ist hier enge und eindeutige Kommunikation dringend erforderlich. Da Unternehmensziele nicht immer vom Mitarbeiter alleine zu erreichen sind, werden die Unternehmensziele in kleine Teilziele aufgeteilt. So besitzt der Mitarbeiter eine Möglichkeit, seinen Teil zur Erlangung der Unternehmensziele beizutragen. Durch das Aufteilen in kleinere Teilziele bewirkt dies eine Risikodiversifizierung. Denn wenn ein Mitarbeiter das Teilziel nicht erreichen sollte, gefährdet es nicht das Unternehmensziel. Die Darstellung der Ziele erfolgt in regelmäßigen Abständen durch die Mitarbeitergespräche. Meist wird auch der Name Mitarbeiterbeurteilungen verwendet, jedoch findet man in der Literatur häufiger die Bezeichnung Mitarbeitergespräch. Daher sind Zielvereinbarungen auf Mitarbeiterebene in den Gesprächen nicht ungewöhnlich[2]. Die Mitarbeitergespräche zielen darauf ab, zum Unternehmensziel beizusteuern und die Mitarbeiter bzw. Mitglieder einer Organisation systematisch zu qualifizieren - ein wichtiger Schritt zur effektiven Lösung der anstehenden Aufgaben.[3].

Perspektive aus Bilanzsicht

Die Mitarbeiter sind humane Ressourcen in den Bilanzen mit entsprechendem Wert. Daher verbinden viele Unternehmen die Messung der Mitarbeiter mit zahlreichen Zielen[4]. Wird die *Humanvermögensrechnung* als Teilbereich der externen Berichterstattung betrachtet, so dient die Messung und Bewertung humaner Ressourcen der Abbildung des vorhandenen Bestandes an Kompetenzen. Innerhalb dieser Thesis wird die Messung und Bewertung lediglich als Erfolgs- und Prognoseinstrument erläutert. Deshalb stehen die Kenntnisse, Fähigkeiten und Fertigkeiten im Mittelpunkt, denn diese stellen Teilqualifikationen dar. Jedoch bestimmen sie in ihrer Gesamtheit die allgemeine und berufliche Ressourcenbasis als potenzielle Handlungsbefähigung. Die **Kenntnisse** umfassen das explizite und implizite Wissen. Die **Fertigkeiten** hingegen beschreiben das erlernbare sowie das anwendungsbreite Können einer Person. Die **Fähigkeiten** stellen die kognitive sowie psychische Basis für Handlungen dar und sind somit Grundlage von Herausbildungen von Fertigkeiten. Jedoch sind nicht alle Bereiche ideal messbar, weil sie nicht öffentlich und/oder sichtbar sind[5].

Personalentwicklung

Die Personalentwicklung allgemein ist in kleineren Unternehmen oft die Aufgabe der Führungskräfte oder des Personalleiters. Erst mit dem Wachstum des Unternehmens beginnt auch die Verteilung der Verantwortlichkeiten bezüglich der Personalfunktion und es entsteht in der Folge eine eigene Personalentwicklungsabteilung. Ebenso ist die Personalentwicklung nicht allein für die Planung, Durchführung und Evaluierung von Seminaren existent, denn die Lernerfahrungen finden immer häufiger in der Praxis des beruflichen

---

[1] Entnommen aus: `https://www.schaeffer-poeschel.de/download/978-3-7910-2251-2/artikel_in_personal-manager.pdf`
[2] JETTER S. 12.
[3] WEIAND S. 1f.
[4] BECKER S. 28.
[5] BECKER S. 36f.

Alltags statt[6]. Die Personalentwicklung besitzt eine Anzahl von Stakeholdern mit eigenen Interessen. Deswegen macht es sie auch zu einer solch komplexen Aufgabe. Zuerst sind da die **Mitarbeiter**, diese sind an ihrer beruflichen Herausforderung sehr interessiert. Doch die Personalentwicklung besitzt begrenzte finanzielle Ressourcen und muss daher eine begründete Auswahl treffen. Dann existieren noch die **Betriebs-** oder **Personalräte**, sie sind die Verhandlungspartner für die Personalentwicklung. Dank der weitreichenden Mitbestimmungsrechte in Bezug auf Auswahl- und Beurteilungsrichtlinien haben Sie eine starke Verhandlungsposition. Mit einer der wichtigsten Stakeholder ist die **Geschäftsleitung**, diese gibt die Budgets und Ressourcen frei und erwartet somit einen Beitrag zum Unternehmenserfolg[7].

Mitarbeitergespräche

Es wird zwischen zwei Arten von Mitarbeitergesprächen unterschieden, den anlassbezogenen Gesprächen (Beispielsweise für Konfliktlösungen usw.) und dem institutionalisierten Mitarbeitergespräch[8]. In dieser Thesis wird aufgrund der Thematik das institutionalisierte Mitarbeitergespräch näher erläutert. Dieses Mitarbeitergespräch ist ein jährlich stattfindendes Gespräch zwischen Vorgesetztem und dem Mitarbeiter. In diesem Gespräch nehmen sich beide Parteien Zeit, um über die Bilanz des vergangenen Jahres zu sprechen, aber auch um die Ziele für das folgende Jahr zu definieren. Mitarbeitergespräche sind mittlerweile in das Konzept *Management by Objectives (MbO)* (Führen mit Zielen) eingebunden. Das bedeutet, das allen Mitarbeitern die Unternehmensziele erläutert und ihre Hintergründe verdeutlicht werden[9]. Als Alternative dazu werden zwischen Vorgesetztem und Mitarbeiter individuelle Ziele vereinbart. Diese Ziele müssen aber mit der Unternehmensstrategie verbunden sein. Das Resultat wird an die Geschäftsleitung gemeldet. „Dieser Prozess erhöht die Verbindlichkeit der Vereinbarung"[10]. In vielen Unternehmen werden die Mitarbeitergespräche getrennt in zwei unabhängige Gespräche. Das erste Gespräch dient zur Festlegung der Leistung, mit Hilfe von variablen Entgelten. Das zweite Gespräch ist ein zeitlich nachgelagertes Gespräch, welches die erreichten Ziele (Leistung) des Mitarbeiters ermitteln soll[11]. Die Leistung wird auch als Performanz betitelt und gilt auch zu bewerten.

2.1.1 Methoden

Um die Mitarbeiter in den Gesprächen gerecht zu beurteilen, existieren unterschiedliche Verfahren zur Leistungsbeurteilung. Diese können an variable Entgelte, oder Bonuszahlungen gekoppelt werden. Die am häufigsten eingesetzten Verfahren werden hier vorgestellt.

Einstufungsverfahren

Bei dem Einstufungsverfahren wird die Leistung eines Mitarbeiters anhand von Beurteilungskriterien mit mehrstufigen Skalen erfasst. Die Beurteilungskriterien sind meist verbal bezeichnete Kategorien, die nach Ausprägungsgrad geordnet sind. Ein Vergleich zwischen Mitarbeitern kann dadurch leichter durchgeführt werden. Ein Minimalbeispiel solch eines Bogens ist in Tabelle 1 aufgeführt[12]. Eine andere Variante ist die Bewertung von vorgegebenen Sätzen. Bei diesem Modell ist dem Beurteiler in der Regel der Wert hinter

---

[6]WEIAND S. 1f.
[7]WEIAND S. 4f.
[8]HOFBAUER/WINKLER/GAJDACZ S. 2.
[9]FÄRBER/STÖWE S. 83f.
[10]WEIAND S. 47 f.
[11]WEIAND S. 47 f.
[12]BECKER angelehnt an S. 173.

Bewertungsmerkmal	4 Sehr gut	3	2	1 Mit Mängeln
Arbeitsqualität				
Arbeitsquantität				
Leistungsverhalten				
Führungsverhalten				

Tabelle 1: Beispiel für ein Stufenverfahren

der Bewertung nicht bekannt. Daher wird diese meist für eine Entgelt Differenzierung verwendet[13]. Tabelle 2 zeigt ein kleines Beispiel dieser Bewertungsskala[14].

Leistungsdimension: Führung eines Verkaufspersonals	
Unsichtbarer Wert	Sichtbarer Satz
9	Leitet sein Personal durchweg effektiv an und erreicht durch geschickte Motivierung Spitzenleistungen seiner Mitarbeiter.
5	Leitet sein Personal überwiegend befriedigend an, fördert und motiviert seine Mitarbeiter so, dass sie ihre Aufgaben zumeist befriedigend bewältigen
1	Leitet sein Personal gar nicht an und motiviert seine Mitarbeiter ebenso wenig.

Tabelle 2: Minimalbeispiel für ein Verfahren mit Hilfe von Sätzen

Rangordnungsverfahren

Bei diesem Verfahren werden die zu bewertenden Eigenschaften des Mitarbeiters in eine Rangfolge gebracht. Dabei existieren verschiedene Arten: die Aufstellung einer Rangordnung aller Beurteilten, der Paarvergleich und der Quotenvergleich.

Die Aufstellung einer Rangordnung kann summarisch oder analytisch erfolgen. Beim summarischen Verfahren werden die Leistungen der Person als Ganzes bewertet und auf einer Skala in einer Reihe gebracht. Als Ergebnis kann eine Aussage darüber gemacht werden, welcher Mitarbeiter hinsichtlich seiner Leistung an erster Stelle liegt oder an zweiter usw. Bei dem analytischen Verfahren wird für jedes Beurteilungskriterium eine Rangreihe erstellt. Für jede Eigenschaft wird somit der beste Mitarbeiter bestimmt. Durch die Addition der Werte ergibt sich die endgültige Reihenfolge (siehe Tabelle 3)[15].

Rangordnung Abteilung 1			
Kriterium 1	Kriterium 2	Kriterium 3	Gesamtbewertung
Mitarbeiter A	Mitarbeiter B	Mitarbeiter A	Mitarbeiter A
Mitarbeiter B	Mitarbeiter C	Mitarbeiter B	Mitarbeiter B
Mitarbeiter C	Mitarbeiter D	Mitarbeiter C	Mitarbeiter C
Mitarbeiter D	Mitarbeiter A	Mitarbeiter D	Mitarbeiter D

Tabelle 3: Beispiel für eine analytische Rangordnung

Beim Paarvergleich wird die Leistung der Mitarbeiter (summarisch) oder je Merkmal

---

[13]BECKER vgl. S. 307 ff.
[14]BECKER S 177 ff.
[15]BECKER S 177 ff.

(analytisch) mit der Leistung der anderen Beurteilten verglichen. Tabelle 4 zeigt das summarische Verfahren auf. Das Vorgehen ist wie folgt: Die Beurteilung beginnt mit Mitarbeiter 1 (MA1) in der Senkrechten. Nun werden die Leistungen des Mitarbeiters mit den anderen in der Waagerechte verglichen. Sind die Leistungen besser als einer oder mehrere anderer Mitarbeiter, wird dies mit einem Kreuz in der Zelle gekennzeichnet. Ist die Bewertung abgeschlossen, so geht man die Zeilen durch und schaut, welche Zeile die meisten Kreuze besitzt. Diese Zeile ist dann der Mitarbeiter mit der höchsten Rangordnung[16]. Die Zeile mit weniger Kreuzen ist auf Rang Nummer zwei usw. Im Beispiel von Tabelle 4 wäre das Ergebnis: MA5, MA2, MA4, MA1, MA3.

	MA1	MA2	MA3	MA4	MA5
MA1			X		
MA2	X	X		X	
MA3					
MA4		X			X
MA5	X	X	X	X	

Tabelle 4: Beispiel für einen Paarvergleich

Kennzeichnungsverfahren

Das Kennzeichnungsverfahren gibt arbeitsrelevante Leistungs- und Eigenschaftskriterien vor. Der Beurteiler wählt nur aus, ob bestimmte Aussagen für den Mitarbeiter zutreffen oder nicht. Das erfordert vom Beurteiler keine Einstufung oder Vergleich der Mitarbeiter. Arten des Kennzeichnungsverfahrens sind das Checklist-Verfahren, Zwangswahlverfahren und das Verfahren der kritischen Ereignisse[17].

Beim Checklist-Verfahren kreuzt der Beurteilte auf einer Liste von Einzelmerkmalen die zutreffenden Elemente an. Die Skalen-Werte sind ihm dabei gänzlich unbekannt, daher hat dies keine Auswirkung auf die Beurteilung.

Beim Zwangswahlverfahren wählt der Beurteiler zwischen zwei oder mehreren Alternativen die am ehesten zutreffende aus. Beim Verfahren der kritischen Ereignisse bewertet der Beurteiler lediglich die Aspekte des Leistungsverhaltens, die nachweislich zum (Miss-)Erfolg geführt haben.

Bei dem Checklist-Verfahren kann eingewendet werden, dass nur ein Teil der Tätigkeiten und somit lediglich denkbare Tätigkeitsbereiche bzw. Elemente abgefragt werden. Den Zwangswahlverfahren wird vorgeworfen, weniger differenziert im Bezug zur Leistungsbeurteilung zu sein. Das Verfahren der kritischen Ereignisse erweist sich als anfällig, da kritische Ereignisse nicht generalisierbar sind. Zudem wird die Routinetätigkeit nicht berücksichtigt, die einen Großteil des täglichen Alltags ausmacht und eine Erschwernis bei der Bewertung von mittelmäßigen Mitarbeitern darstellt[18].

2.1.2 Messung und Bewertung

Zur Messung und Bewertung von Ressourcen werden verschiedene Methoden eingesetzt. Die wohl am häufigsten eingesetzte Methode ist die HR-Scorecard. Diese Methode basiert auf der Balanced Scorecard.

Balanced Scorecard

Die von Norton und Kaplan entwickelte Balanced Scorecard ist eine Methode zur Ver-

---

[16]BECKER S 178 f.
[17]BECKER vgl. S. 293 ff.
[18]BECKER S. 343 ff.

knüpfung der Unternehmensstrategie, der strategischen Grundausrichtung und der strategischen Handlungsfelder. Die Balanced Scorecard übersetzt Visionen und Strategien in mess- und umsetzbare Ziele, dazu betrachtet sie vier unterschiedliche Perspektiven:

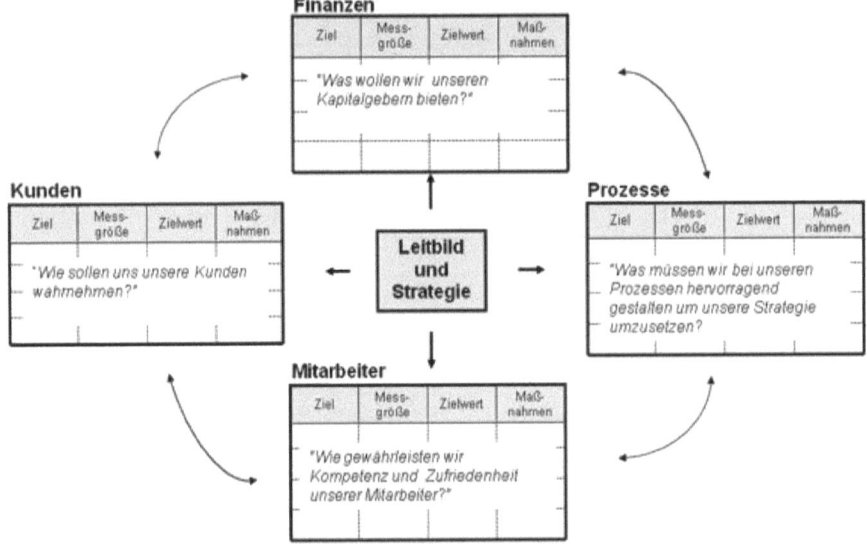

Abbildung 2: Balanced Scorecard zusammenhänge

- **Finanzielle Perspektive**
  Diese betrachtet die Strategie des Unternehmens aus Sicht der Anteilseigener und wird klassisch als Jahres- oder als Quartalsabschluss dargestellt. Diese Abschlüsse geben einen Einblick über die Finanz- und Ertragslage des Unternehmens.
- **Kundenperspektive**
  Diese liefert Informationen über die Positionierung des Unternehmens beim Kunden. Diese Informationen werden mittels entsprechenden Kennzahlen dargestellt, diese sind: Kundenzufriedenheit, -treue, -Akquisition und -Rentabilität.
- **Lern- und Entwicklungsperspektive**
  Diese Perspektive beinhaltet beispielsweise Mitarbeiterzufriedenheit, -treue oder -Produktivität. Aber auch Kennzahlen zu den Weiterbildungsmaßnahmen, die zur Zielerreichung dienlich sind.
- **Interne Prozessperspektive**
  Diese Perspektive liefert Information über die Arbeitsabläufe im Unternehmen. Hierbei werden Prozesse identifiziert die für die Erreichung der Kundenziele kritisch sind.

Die gesamten Kennzahlen werden, wie in Abbildung 2 dargestellt, über ein System von Ursache-Wirkungs-zusammenhängen miteinander verbunden. Die Balanced Scorecard stellt somit ein ausgewogenes Kennzahlensystem dar, das die ständige Überprüfung der Erfolgswirksamkeit von Strategien ermöglicht. Eine Balanced Scorecard für ein fiktives Krankenversicherungsunternehmen können z.B. wie in Tabelle 5 aussehen[19]:

HR-Scorecard

Die HR-Scorecard überträgt den Gedanken der Balanced Scorecard auf die Organisationseinheit Personal, die sich für die Entwicklung spezifischer Scorecards eignet. Daher besitzen die Perspektiven eine andere Bedeutung:

- **Finanzielle Perspektive**
  Diese stellt Informationen über die finanziellen Auswirkungen der Arbeit des Personalbereichs bereit.

---

[19]BECKER S. 320 ff.

7

	Strategisches Ziel	Kennzahl	Vorgaben	Maßnahmen
Finanz-Perspektive	Steigerung des Cash-Flow	Discounted Free-Cash-Flow	Steigerung um 12% p.a.	Senkung der Geschäftsbereichskosten
Kunden-Perspektive	Steigerung der Neukundenakquisition	Akquiriertes Neukundengeschäft	Steigerung der Neukundenquote um 10 % p.a.	Prämien für Neukunden / Freundschaftswerbung
Prozess-Perspektive	Schnelle Leistungsgewährung	Anzahl der bearbeiteten Leistungsanträge pro Arbeitstag	Verkürzung der Bearbeitungszeit um 30%	Schulung der Mitarbeiter
Lern- und Entwicklungsperspektive	Steigerung der Mitarbeiterzufriedenheit	Mitarbeiterzufriedenheitsindex	Mitarbeiterzufriedenheitsindex über 80%	Einführung flexibler Arbeitszeiten

Tabelle 5: Beispiel einer Balanced Scorecard

- **Kundenperspektive**
  Diese Perspektive betrachtet die Kennzahlen Kundenzufriedenheit und Mitarbeitermotivation.
- **Lern- und Entwicklungsperspektive**
  Diese Perspektive betrachtet den Ausbildungsstand der Mitarbeiter. Als Kennzahl können z.B. der Weiterbildungsaufwand und die Anzahl der Verbesserungsvorschläge sein.
- **Interne Prozessperspektive**
  Diese Perspektive betrachtet die implementierten Abläufe im Personalbereich. Im Bereich der Personalentwicklung sind z.B. die Gewinnung, die Weiterbildung und Einsatz von Mitarbeitern.

Die HR-Scorecard hilft somit zur Umsetzung der Personalstrategie in operationalisierbare Ziele und hinterlegt diese mit Kennzahlen sowie Vorgaben und Maßnahmen. Die HR-Scorecard verbessert die Transparenz über Strukturen, Prozesse und Kosten des Personalbereiches und trägt damit zur Kommunikation innerhalb und außerhalb des Unternehmens bei[20].

2.1.3 Bedeutung des Performance Managements für die Führungskräfte

Die Führungskräfte können sich auf das Wesentliche konzentrieren und somit klare Ziele und Priorisierungen definieren. Ebenso wird die Wirksamkeit durch das Performance Management deutlich erhöht. Die Zeitersparnis spielt auch eine Rolle, denn die Mitarbeiter wissen was von ihnen erwartet wird, arbeiten eigenverantwortlich und entlasten die Führungskraft entsprechend. Den Führungskräften wird so ein Mittel an die Hand gegeben, den Leistungsstand besser erkennen und dadurch verbessern zu können. Durch die Zielvereinbarung mit monetären Mitteln kann die Leistungsbereitschaft der Mitarbeiter

---

[20] BECKER S. 238.

gesteigert werden, denn diese wissen dass, sich Fleiß lohnen wird.

2.1.4 Bedeutung des Performance Managements für den Mitarbeiter

Die Vorteile für die Mitarbeiter können in fünf Begriffen definiert werden:

- **Klarheit**
  Die Mitarbeiter kennen ihre Rolle im Unternehmen und die damit verbundenen Aufgaben.
- **Transparenz**
  Dem Mitarbeiter werden die Erwartungen an ihn, im Kontext der Aufgaben und seinem Umfeld deutlich dargestellt.
- **Empowerment**
  Die Mitarbeiter kennen die Verantwortlichkeiten und ihre Kompetenzen.
- **Honorierung**
  Über die Honorierung erhalten die Mitarbeiter wichtiges Feedback für das Erbrachte und Motivation für weiteres Engagement im Unternehmen.
- **Entwicklung**
  Die Mitarbeiter können mit ihrem Vorgesetzten die persönliche Entwicklung planen.

2.2 Content Management System

In jedem Unternehmen werden durch Zusammenarbeit verschiedener Mitarbeiter Informationen erstellt und bereitgestellt. Über die Zeit wächst die Datenmenge stark an. Ein System, dass diese Daten verwaltet und deren Erstellung sowie Pflege vereinfacht, erleichtert den Umgang mit Informationen. Je größer das Unternehmen ist, desto mehr Daten existieren. Daher muss ein System auch mit so großen Datenmengen effizient funktionieren. CMS übernehmen diese Aufgaben[21]. Die Kernaufgaben eines CMS definieren sich in[22]:

- die Erstellung von Content
- die Verwaltung von Content
- die Kontrolle von Content
- die Individualisierung von Content

Es geht dabei vorrangig um die kommerzielle Ausnutzung des Contents und weniger um die technische Umsetzung[23].„Content" ist ein Synonym für die eigentliche Information und ist definiert als:

> „Content (engl. Inhalt) ist Information in strukturierter, schwach strukturierter und unstrukturierter Form, die in elektronischen Systemen zur Nutzung bereitgestellt wird."[24]

Demnach kann Content in unterschiedlicher Form vorliegen. Für diese Arbeit ist jedoch lediglich die „schwach strukturierte Information" relevant. Denn die Definition dessen lautet:

> "Schwach strukturierter Content sind Informationen und Dokumente, die zum Teil Layout und Meta-Daten mit sich tragen, jedoch nicht standardisiert sind (z.B. Textverarbeitungsdateien)."[25]

---

[21]Vincent S. 1.
[22]Kampffmeyer.
[23]Kampffmeyer vgl. S. 7.
[24]Kampffmeyer S. 7.
[25]Kampffmeyer S. 6.

Somit sind schwach strukturierte Informationen Daten in denen Metadaten und Inhaltsinformationen abgespeichert sind, die jedoch nicht durchgängig einem Standard unterliegen. Zusammenfassend ist ein CMS ein System, welches Arbeitsschritte wie die Erstellung oder das Verwalten von Inhalten vereinfacht. Es stellt die Inhalte für den Anwender zentral einheitlich bereit.

2.2.1 Enterprise Content Management System

Das Enterprise Content Management System (ECMS) ist eine Ausprägung des CMS. Die Association for Information and Image Management interpretiert Enterprise Content Management als „Technologien, zum Erfassen, Verwalten, Speichern, Bereitstellen und Aufbewahren von Informationen um Unternehmensprozesse zu unterstützen."[26]. Es geht bei dem ECMS also um die Erschließung aller Informationen im Unternehmen und stellt dadurch eine Erweiterung des ursprünglichen CMS dar, mit Schwerpunkt auf dem Unternehmenskontext.

Enterprise Content Management integriert weiterhin die „Client/Server-Welt mit Portal- und anderen Internet- Technologien"[27] und verfolgt Ziele um Redundanzen zu vermeiden. Ebenso stellt es einen einheitlichen Zugriff zur Verfügung.

ECMS bilden zusammenfassend eine Plattform für Technologien und Anwender, um unternehmensinterne Prozesse und Informationen im Unternehmenskontext abzubilden und zu unterstützen.

2.2.2 Metadaten

Metadaten sind eine Abstraktion von Content anhand anderer Informationen. Ein Metadatum kann zum Beispiel der Autor, ein Kommentar oder ein alternativer Titel sein. Diese Daten beschreiben den Content zwar nicht eindeutig, erleichtern jedoch die Suche danach, ohne Wissen über den Inhalt zu besitzen[28].

2.3 Microsoft SharePoint

Microsoft SharePoint ist eine Plattform für die Kollaboration (Zusammenarbeit) im Unternehmen und die Verwaltung von Inhalten und somit ein ECMS[29]. Sie unterteilt sich in drei verschiedene Editionen[30]:

- **SharePoint Foundation**
  Diese Version stellt Grundfunktionen bereit und ist, wie alle anderen Versionen auch, nur als 64-Bit-Variante verfügbar. Von Microsoft wird diese Version kostenlos bereitgestellt.
- **SharePoint Standard**
  Diese setzt auf die unterstützten Eigenschaften vom SharePoint Foundation auf, jedoch fehlt hier die Unterstützung für die FAST-Suche, Access-Services und andere Dienste die vor allem im Business Intelligence (BI) Bereich verwendet werden. So kann gesagt werden, dass die Standard Version nicht für den Einsatz im Bereich BI geeignet ist.
- **SharePoint Enterprise**
  Diese Version enthält uneingeschränkte Dienste und Funktionen.

---

[26] KAMPFFMEYER S. 10.
[27] KAMPFFMEYER S. 11.
[28] LEHMANN S 25.
[29] PIALORSI S. 24.
[30] JOOS S. 49.

SharePoint ist technisch überwiegend in Active Server Packages .NET (ASP.NET) realisiert. Daher kann es auch als 'Verbindungspunkt zwischen Benutzern, Kunden und sonstigen Nutzern'[31] angesehen werden. ASP.NET ist ein Webentwicklungsmodell, das die erforderlichen Dienste beinhaltet, um Enterprise-Webanwendungen mit geringem Aufwand zu erstellen. Es ist ein Teil des .Net -Frameworks[32]

Aus Sicht des Nutzers setzt sich SharePoint aus verschiedenen Diensten und Features (Merkmale[33]) zusammen. Microsoft unterteilt diese in sechs verschiedene Hauptkategorien: Sites, Communitites, Content, Search, Insights und Composites. Für die Konzipierung des Systems reicht es aus, die Kenntnisse über den Content- Bereich zu besitzen, daher wird auf die anderen Bereiche nicht weiter eingegangen. Der Content Bereich beinhaltet wesentliche Eigenschaften, die den Inhalt des Servers steuern. Darunter fallen:

- **Unternehmensweite Inhaltstypen**
  Inhaltstypen sind vordefinierte Templates in SharePoint. So kann ein Inhaltselement bereits bei der Anlage eine Menge von Metadaten zugewiesen werden, ohne dass ein weiterer Administrativer Eingriff notwendig ist.

- **Dokument-Sets (Dokumenten Mappe)**
  Die Dokumenten Mappe ist eine 'Gruppe von verwandten Dokumenten' die in einem Schritt erstellt und verwaltet werden können[34]. Hierbei spielt es keine Rolle, ob die Dokumente in Phasen oder gleichzeitig von mehreren Personen erzeugt werden.

- **Multi-stage Disposition**
  Dies ist eine Funktion, welche bestimmte Policies bereitstellt. Beispielsweise kann eine Einstellung das automatisierte Löschen von Dokumenten nach einer definierten Anzahl von Tagen durchgeführt werden. Das Besondere daran ist, das die Aktionen nur nach Freigabe der Ersteller bzw. Bearbeiter geschieht.

- **Remote Blob Storage**
  Ein Speicherort der neben der Datenbank für größere Dokumente existiert, damit die Performanz der Datenbank nicht beeinträchtigt wird[35].

- **Listen Erweiterungen**
  Zu jeder SharePoint-Liste können eigene programmierte Erweiterungen hinzugefügt werden. Beispielsweise das Erstellen einer speziellen Dokumenten-Identifikation für neu angelegte Dokumente.

2.3.1 Architektur

Dieser Abschnitt soll einen kurzen Einblick über die Architektur aus technischer und Benutzer-Sicht von Microsoft SharePoint geben. In der Abbildung 3 ist grob die Architektur für den SharePoint Foundation Server aus technischer Sicht aufgebaut. Als Basis dient ein SQL-Server ab der Version 2005 und ein Windows 2008 / R2 (R2 steht für Release 2[36]) System. Des Weiteren bildet der Internet Informationsdienst, das .NET Framework 3.5 und das ASP.NET Framework 3.5 SP1[37] eine weitere Basis. Darauf setzt der kostenlose SharePoint Foundation 2010 Server auf und bietet trotzdem eine Vielzahl von Funktionen, die in der Abbildung 3 aufgrund der Menge nicht alle angegeben werden können. Die höchste Stufe wäre dabei der SharePoint Server ab der Standard Version, der seine leistungsfähigen Enterprise Dienste betreibt. Für die Konzeption des Projekts in dieser Thesis werden lediglich die Funktionen des SharePoint Foundation Servers benötigt.

---

[31]PIALORSI S. 24.
[32]ASP.
[33]DUDEN-VERLAG.
[34]OFFICE.
[35]SEARS/VAN INGEN/GRAY vgl. S.6 f.
[36]Warner2013
[37]SP bedeutet Service Pack gefolgt von der Versionsnummer.

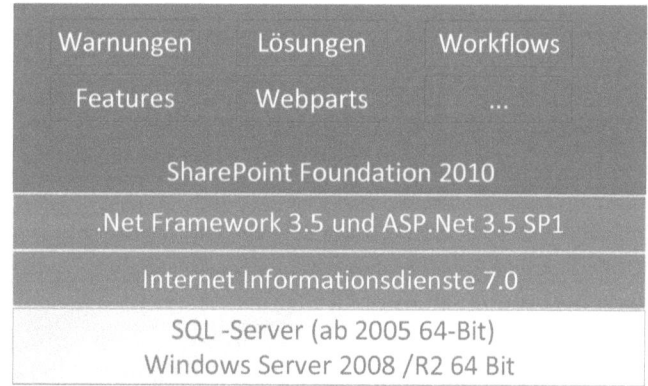

Abbildung 3: Architektur eines SharePoint Systems aus technischer Sicht

2.3.2 SharePoint Features

Features sind Erweiterungen im SharePoint, sie bilden eine Schnittstelle für den Entwickler im SharePoint, um Definitionen für Website-Elemente zu erstellen. Diese können „im Kontext einer Zielwebsite oder einer Zielwebsite-Sammlung"[38] aktiviert werden. Zu den Website Elementen gehören Listeninstanzen, Listentypen, Menübefehle, Seitenvorlagen, Seiteninstanzen, Ereignishandler und Workflows. In dieser Thesis konzentriert sich die Arbeit speziell auf die Elemente Menübefehle und Workflows. Im Wesentlichen besteht ein Feature aus einem Verzeichnis und enthält eine oder mehrere Extensible Markup Language (XML)-basierte Dateien, die Collaborative Application Markup Language (CAML) enthalten. Durch eine fest definierte Konvention enthält jedes Feature Verzeichnis eine Manifestdatei 'feature.xml'. In dieser werden die übergeordneten Attribute des Features definiert, wie beispielsweise seine ID oder einen anzeigefreundlichen Titel. Des Weiteren enthält das Feature weitere zusätzliche Dateien beispielsweise die 'elements.xml', welche die eigentlichen Elemente definiert aus dem das Feature im Wesentlichen besteht. Das Verzeichnis ist nicht nur für die Definitionen vorhanden, sondern es kann auch andere Dateitypen enthalten wie z.B. JavaScript Dateien oder ASP.NET Dateien[39]. Der wesentliche Vorteil von Features ist das aktivieren bzw. deaktivieren von Funktionen innerhalb eines Kontext. So kann der Administrator die Funktionalitäten im entsprechenden Kontext aktivieren bzw. deaktivieren, ohne eine Ausfallzeit einplanen zu müssen. Mögliche Kontexte sind Farm, Webanwendungen, Website Sammlungen und Sites. Somit bedeutet das für den Entwickler, dass Features auf verschiedene Ebenen der SharePoint Architektur arbeiten. Demnach muss sich der Entwickler im Klaren sein, welches Feature unter welchem Kontext entwickelt und bereitgestellt wird[40].

2.3.3 SharePoint Sicherheit / Datenschutz

Bevor auf den Datenschutz und -Sicherheit eingegangen wird, soll definiert werden, welche Ziele der Datenschutz hat. Der Datenschutz unterteilt sich in sechs Ziele[41].
Generell ist die Sicherheit und der Datenschutz ein viel und ein heiß diskutiertes Thema. Betrachtet man die Schutzziele aus Tabelle 6, erkennt man schnell, dass sensible Daten geschützt werden müssen. Dies stellt aber in der aktuellen SharePoint Version kein Problem

---

[38] PATTISON.
[39] PATTISON.
[40] HOLLOWAY/KYSELICA/CARAVAJAL.
[41] KIRSTEN BOCK S. 427 f.

Schutzziel	Erläuterung
Transparenz	Die Daten sollen mit zumutbaren Aufwand nachvollzogen, überprüft und bewertet werden können.
Verfügbarkeit	Die Daten müssen zeitgerecht zur Verfügung stehen und ordnungsgemäß angewendet werden können.
Integrität	Es ist dafür zu sorgen, dass die Daten unversehrt, vollständig, zurechenbar und aktuell bleiben.
Vertraulichkeit	Personenbezogenen Daten dürfen nur von dem Eigentümer eingesehen werden.
Nichtverkettbarkeit	Die Daten sollen nicht für einen anderen Zweck erhoben, verarbeitet und genutzt werden können. Dies gilt insbesondere für personenbezogene Daten.
Intervenierbarkeit	Dem Besitzer der Daten steht das Recht zu, die Verarbeitung personenbezogener Daten zu kontrollieren (Auskunft, Einsicht) und zu beeinflussen (Berichtigung, Löschung, Sperrung).

Tabelle 6: Übersicht der Schutzziele im Datenschutz

dar. Wie erwähnt, basiert SharePoint auf ASP.NET. Diese Technologie beinhaltet bereits die gängigsten Sicherheitskonzepte und Features[42]. Die Sicherheitsmechanismen, die den Schutzzielen genügen, sind:

- **Authentifizierung**
  Behandelt die Schutzziele: **Transparenz, Vertraulichkeit, Integrität**.
- **Datenverschlüsselung**
  Behandelt die Schutzziele: **Integrität, Vertraulichkeit**.
- **Berechtigung**
  Behandelt die Schutzziele: **Intervenierbarkeit, Nichtverkettbarkeit, Vertraulichkeit**.

Das Schutzziel **Verfügbarkeit** wird durch die Datenhaltung des SharePoint gewährleistet.

Authentifizierung

„Authentifizierung und Autorisierung sind der Kern jedes Sicherheitskonzepts"[43]. An-

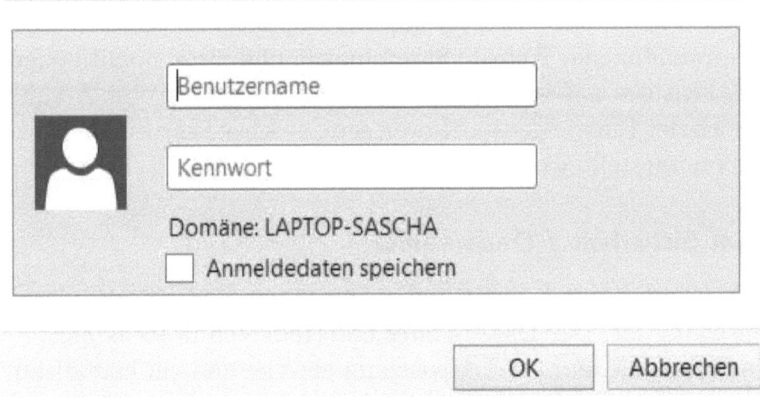

Abbildung 4: Beispiel Login einer Windows Authentifizierung

wendungen die vertrauliche Informationen speichern, müssen vor fremden unberechtigten

---

[42]COURSE vgl S. 123 ff.
[43]MAUERER vgl.

Zugriffen und Angriffen geschützt werden[44] (Schutzziel Vertraulichkeit). SharePoint verlässt sich dabei allein auf die Domänen-Authentifizierung von Windows, dieses wird vom Internet Information Services (IIS) bereitgestellt. SharePoint muss ebenso in der Lage sein, die Domänen Prinzipale zu identifizieren[45] und bietet hierbei unterschiedliche Möglichkeiten an. Daher ist das Planen der Authentifizierung ein obligatorischer Schritt bei der Installation von SharePoint. Im System wird zwischen der formularbasierten- und Windows Authentifizierung unterschieden. Befindet sich im Unternehmen der Verzeichnisdienst Active Directory (AD), so kann die Windows Authentifizierung problemlos verwendet werden. Bei dieser Methode erscheint beim Aufruf der SharePoint Seite ein Login Fenster wie in Abbildung 4, nach der Eingabe der Benutzerdaten werden diese gegen das AD Authentifiziert, und bei Erfolg in das System weitergeleitet. Die Formular basierte Authentifizierung wird dagegen verwendet, wenn die Benutzerdaten beispielsweise aus einer SQL- Datenbank, oder aus einem Lightweight Directory Access Protocol (LDAP)-System kommen. Es ist auch möglich, mehrere Anbieter gleichzeitig in dem System zu integrieren und diese jeder Zone[46][47] zuweisen. Dabei existiert der Vorteil, dass auch externe Gäste oder Mitarbeiter sich authentifizieren können. Bei der formularbasierten Authentifizierung wird beim Aufrufen der SharePoint Seite automatisch auf eine Login-Seite navigiert. Nach der erfolgreichen Prüfung der Benutzerdaten wird der Benutzer authentifiziert und dann in das System weitergeleitet[48]. Anonyme Zugriffe sind ebenfalls möglich[49], jedoch sollte davon abgeraten werden, wenn sich im System sensible Daten befinden. Falls der Einsatz doch nicht zu vermeiden ist, dann empfiehlt es sich besonders, die Kommunikation zu verschlüsseln.

Datenverschlüsselung

Die Datenverschlüsselung kann mit mehreren Authentifizierungsmethoden verwendet wer-

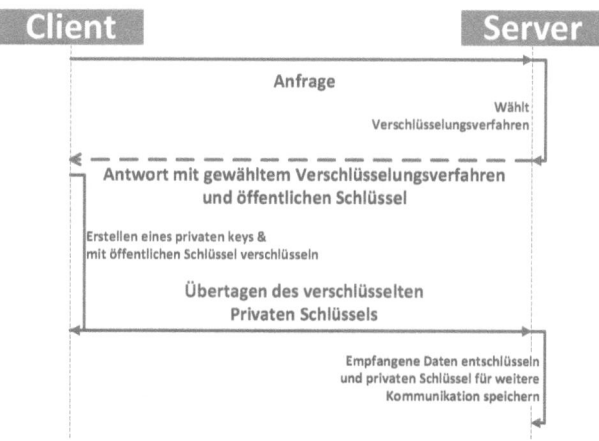

Abbildung 5: Vorgehen eines SSL-Handshakes

den. Es existieren zwei Arten von Verbindungen, die eventuell zusätzliche Sicherheitsmaßnahmen erfordern. Die Server in der Farm und die Client- Server Kommunikation. Die Kommunikation in der Farm ist jedoch nur dann notwendig, wenn diese sich nicht in einer sicheren Umgebung befinden[50]. Damit die Kommunikation abgesichert ist, muss diese erst

---

[44] JEFF KERCHER vgl.
[45] LAAHS/MCKENNA/VANAMO vgl. S. 196.
[46] Als Zonen existieren im SharePoint Intranet, Internet, Benutzerdefiniert und Standard.
[47] BODDENBERG vgl. S. 409 ff.
[48] MOLLIEN/HAUSER/SCHARNAGL vgl. S. 391 f.
[49] LARISCH S. 263.
[50] NEUMANN.

eingerichtet werden. Microsoft empfiehlt hier zwei Methoden: IPSec und Secure Sockets Layer (SSL). Diese Arbeit benötigt lediglich die Verschlüsselung von SSL. Daher sei hier zu IPSec nur gesagt, dass hierbei in Windows Server drei verschiedenen Methoden existieren:

- Kerberos V5
- Public key certificate
- Preshared key

SSL führt vor dem Aufbau einer Verbindung eine Initialisierung mit Hilfe des Handshake Protokolls vor (Abbildung 5). Zu Beginn stellt der Client eine Anfrage an den Server und übermittelt damit seine unterstützten Verschlüsselungsverfahren. Der Server wählt ein Verfahren aus und übermittelt dem Client sein Zertifikat mit dem öffentlichen Schlüssel. Der Client erstellt daraufhin einen privaten Schlüssel (sog. Session Key) und verschlüsselt diesen mit dem öffentlichen Server Schlüssel. Anschließend werden die verschlüsselten Daten an den Server gesendet. Dieser kann die Daten wieder mit seinem öffentlichen Schlüssel entschlüsseln und kann somit den privaten Schlüssel für die Kommunikation verwenden. Sämtliche Kommunikation zwischen Client und Server sind ab sofort verschlüsselt[51].

Die Konfiguration der SSL Unterstützung wird hauptsächlich im Internet Information Services (IIS) durchgeführt. Wird SSL außerhalb des eigenen Netzes verwendet, so ist der Einsatz mit Kosten verbunden. Denn es ist eine Gebühr an die Zertifizierungsstelle zu entrichten. Besteht jedoch nur der Bedarf einer internen Nutzung, dann kann auf dem Server ein Schlüssel generiert und verwendet werden.

Berechtigung

Name	Beschreibung
Beschränkter Zugriff	Ermöglicht den Zugriff auf freigegebene Ressourcen in der Website, damit Benutzer auf ein Element innerhalb der Website zugreifen können. Sollte mit abgestimmten Berechtigungen kombiniert werden, die Benutzern Zugriff auf eine bestimmte Liste, Dokumentbibliothek, einen Ordner, ein Listenelement oder Dokument gewähren, ohne dass sie Zugriff auf die gesamte Website erhalten. Kann nicht angepasst oder gelöscht werden.
Lesen	Anzeigen von Seiten, Listenelementen und Herunterladen von Dokumenten.
Teilnehmen	Anzeigen, Hinzufügen, Aktualisieren und Löschen von Elementen in den vorhandenen Listen und Dokumentbibliotheken.
Entwerfen	Anzeigen, Hinzufügen, Aktualisieren, Löschen, Genehmigen und Anpassen von Elementen oder Seiten auf der Website.
Vollzugriff	Ermöglicht den Vollzugriff für den Bereich.

Tabelle 7: Standard Berechtigungsstufen im SharePoint System

Nachdem geklärt ist wie der Benutzer im SharePoint System durch die Authentifizierung eindeutig identifiziert wird, müssen die Benutzer noch berechtigt werden, damit die Schutzziele Intervenierbarkeit, Nichtverkettbarkeit und Vertraulichkeit gewährleistet werden. Ein System ohne geregelte Benutzerberechtigung, kann keine Sicherheit vor unbefugten Zu-

---

[51]HAGEN.

griffen auf sensible Daten geben. Daher setzt SharePoint eine Berechtigungsverwaltung ein. Da das Berechtigungssystem im SharePoint sehr komplex und abstrakt ist, wird hier nur auf das Anlegen von Berechtigungsstufen und deren Zuweisung eingegangen.

Berechtigungen dienen in SharePoint dazu, um Benutzern auf einzelne Elemente Rechte zu gewähren oder zu verweigern. In SharePoint werden einzelne Regeln zu Gruppen zusammengefasst. Diese Gruppen von Regeln werden Berechtigungsstufen genannt[52]. Damit nicht alles von Grund auf neu erstellt werden muss, liefert SharePoint bei der Installation bereits vordefinierte Berechtigungsstufen mit. Die Tabelle 7[53] soll aufzeigen, welche Berechtigung zur entsprechenden Stufe zugewiesen ist. In der Praxis reichen die vordefinierten Berechtigungsstufen aus. Es kommt aber auch vor, dass spezielle Berechtigungen benötigt werden, dafür müssen benutzerdefinierte Berechtigungsstufen zusammengestellt werden. Der Administrator kann als einziger Benutzerdefinierte Berechtigungsstufen erstellen[54]. Sobald diese definiert sind, können sie den Benutzern zugewiesen werden. Hierbei existieren zwei Möglichkeiten:

- **Zuweisung auf Gruppenebene**
  Eine SharePoint Gruppe beinhaltet verschiedene AD-Benutzer oder aber auch AD-Gruppen. Dieser Gruppe kann eine oder mehrere Berechtigungsstufen zugewiesen werden. Der Vorteil bei dieser Methode ist die einfache Pflege. Jeder Benutzer (oder AD-Gruppe) der in die Gruppe hinzugefügt wird, erhält somit automatisch die bereits zugeteilte Berechtigung. Das Gleiche gilt auch beim Entfernen der Benutzer aus der Gruppe, hierbei werden die Rechte automatisch entzogen.

- **Zuweisung auf Benutzerebene**
  Einem Benutzer kann die Berechtigung direkt zugewiesen werden, der Benutzer kann somit exklusiv Rechte erhalten. Dies gilt auch, wenn der Benutzer bereits Mitglied einer Gruppe ist, der bereits Berechtigungen zugewiesen sind. Der Vorteil bei dieser Methode ist, dass jeder Benutzer seine individuelle Berechtigungsebene erhält. Jedoch ist dies auch das Manko, denn der Pflegeaufwand steigt dabei enorm. Bei einer großen Benutzeranzahl kann man in Gefahr laufen, den Überblick zu verlieren.

Empfohlen wird daher die Berechtigungszuweisung auf Benutzergruppen[55]. Zu jeder Gruppe im SharePoint existiert ein Gruppenbesitzer. Dieser und der Seiten-Administrator kann Benutzer zu der Gruppe hinzufügen oder aber auch entfernen. Berechtigungen können nicht vom Gruppenbesitzer gesetzt werden.

Dies ist nur ein kleiner Teil der Benutzerberechtigung. Es ist sogar möglich, das System allein entscheiden zu lassen welche Berechtigung welcher Benutzer erhält. Dies wird mit Hilfe der Empfänger-Gruppen-Regel durchgeführt. Dabei ist es möglich, dem System mitzuteilen, auf bestimmte Eigenschaften der Benutzerdaten Rücksicht zu nehmen. Ist zum Beispiel der Benutzer in der Abteilung 'Personal Abteilung', so erhält er automatisch Zugriff auf die Personaldaten. Sobald der Benutzer die Abteilung wechselt und dies in seinen Eigenschaften hinterlegt wird, dann werden Ihm die Rechte automatisch entzogen.

2.3.4 Zeitgeberaufträge

Zeitgeberaufträge in SharePoint 2010 führen viele Hintergrundaufgaben aus, die für den ordnungsgemäßen Betrieb einer SharePoint-Farm erforderlich sind. Diese Zeitgeberaufträge sind Aufgaben, die zum definierten Zeitpunkt auf dem SharePoint Server ausgeführt werden. Diese Aufgaben können so konfiguriert werden, dass der Aufruf exakt einmal oder periodisch durchgeführt wird. In SharePoint dienen Zeitgeberaufträge zum Verwalten lang andauernder Workflows, zum Bereinigen alter Websites und Protokolle oder zum Aufberei-

---

[52] Joos S. 408.
[53] Entnommen aus http://technet.microsoft.com/de-de/library/cc721640(v=office.14).aspx
[54] Joos S. 408.
[55] Joos S. 401.

ten von Daten. Zeitgeberaufträge können unabhängig von Benutzern ausgeführt werden, ebenso können lang andauernde Prozesse von dem Frontend-Server ausgelagert werden, wodurch sich die Leistung und die Reaktionsgeschwindigkeit der Seiten erhöht. Der wohl wesentlichste Vorteil ist die Ausführung von Code mit höheren Berechtigungen, somit können Arbeiten durchgeführt werden die eine höhere Berechtigungsstufe benötigen als der Benutzer eigentlich besitzt.

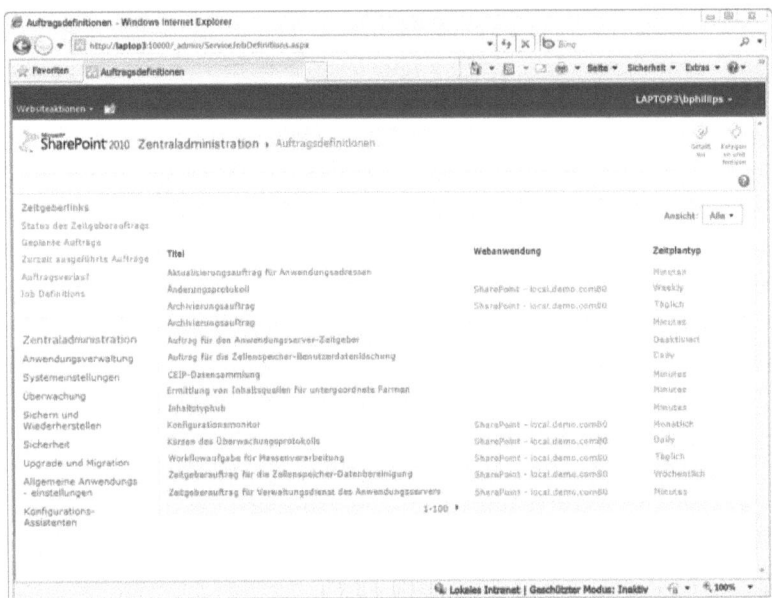

Abbildung 6: Übersicht der Zeitgeberaufträge

Die Zeitgeberaufträge eines SharePoint Server können in der SharePoint Zentraladministration auf der Seite 'Auftragsdefinition' angezeigt werden (siehe Abbildung 6).Da SharePoint-Zeitgeberaufträge im Hintergrund ausgeführt werden, erledigen sie ihre Aufgaben, selbst wenn keine Benutzer auf Ihre SharePoint-Websites zugreifen. Verantwortlich dafür ist der 'Windows SharePoint Services-Timerdienst', dies ist ein Windows Dienst der aktiviert sein muss, da sonst die Ausführung der Zeitgeberaufträge nicht erfolgt. Der Dienst ermöglicht den verschiedenen SharePoint-Zeitgeberaufträgen die Server in der Farm zu konfigurieren und zu verwalten.

2.3.5 Zentraladministration

Im Kapitel 2.3.4 wurde die Zentraladministration kurz erwähnt, daher wird in diesem Kapitel deren Funktion kurz erläutert. Die Zentraladministration ist eine grafische Webseite zur Verwaltung einer SharePoint Farm. Die Zentraladministration ist nicht für die reine Administration des Servers, sondern für dessen allgemeine Verwaltung zuständig. Darunter fallen verschiedene Bereiche[56]:

---

[56]GARRETT S. 39 ff.

Bereich	Erläuterung
Anwendungsverwaltung	Dieser Bereich ermöglicht es Webapplikationen, Webseitensammlungen, Service Applikationen und Inhaltsdatenbanken zu konfigurieren.
Systemeinstellungen	In diesem Bereich werden Einstellungen durchgeführt welche die Dienste des SharePoint Servers betreffen. So kann hier unter anderem der E-Mail Empfang und -Versand konfiguriert sowie die Verwaltung von Drittanbieter Komponenten vorgenommen werden.
Überwachung	Dieser Bereich dient der Einrichtung und Konfiguration der Überwachung. Unter diesem Bereich werden auch die Zeitgeberaufträge verwaltet und gesteuert.
Sichern & Wiederherstellen	Dieser Bereich bietet einen Einstiegspunkt für die Datensicherung und deren Wiederherstellung. Die Sicherung kann hier auf kompletter Serverebene aber auch auf granulärer Ebene wie z.B. einer SharePoint Liste erfolgen, ebenso können bereits erstellte Sicherungen hier wiederhergestellt werden.
Sicherheit	Der Bereich Sicherheit erlaubt es, alle Einstellungen zum Thema Sicherheit durchzuführen, darunter fallen die Aspekte wie die Verwaltung von Seiten-Administratoren. Antiviren Einstellungen, Sicherheitseinstellungen für Web-Parts und die Verwaltung der Benutzer-Accounts für die SharePoint Dienste (Zeitgeberaufträge).
Upgrade & Migration	Dieser Bereich beinhaltet wenige Einstellungen. In diesem Bereich ist es möglich mit Hilfe eines erworbenen Lizenzschlüssels ein Upgrade der Serverversion durchzuführen. Läuft aktuell eine Migration mit einer Inhaltsdatenbank von einer älteren Version, dann kann unter diesem Bereich der derzeitige Migrationsstatus eingesehen werden.
Allgemeine Applikationseinstellungen	In diesem Bereich ist es möglich, wie der Name schon andeutet, allgemeine Einstellungen vorzunehmen. Beispielsweise können die externen Verweise genannt werden, die eine Referenz auf externe Inhalte erlaubt, sowie die Verbindungen zu anderen Datensystemen (z.B. SQL Server). Dies sind nur ein paar Beispiele, es sind jedoch viel mehr Einstellungsmöglichkeiten vorhanden.

Tabelle 8: Bereiche der Zentraladministration

2.3.6 Lokalisierung

„Der Begriff Lokalisierung beschreibt den Prozess, ein Programm an mehrere Sprachen anzupassen.[57]"

SharePoint unterstützt, so wie ASP.Net auch, die Unterstützung der Lokalisierung[58]. Im Zusammenhang mit der Lokalisierung werden auch häufig die Begriffe Sprache und Kultur verwendet. Diese hängen wie folgt zusammen:

- **Sprache**
  Kennzeichnet die Sprache (Deutsch, Englisch, Russisch). Die Angabe erfolgt immer im Zwei-Buchstaben-Code des Landes. Beispielsweise wäre für Deutschland der

---

[57] ELLER S. 865.
[58] ELLER S. 865 f.

Code „DE" oder für Russland „RU". Sprachen werden auch als neutrale Kulturen bezeichnet[59].

- **Kultur**
  Dies kennzeichnet die regionsspezifische Einstellung des Landes. Bei der deutschen Sprache existieren beispielsweise die Kulturen Deutsch, Österreich oder Schweiz. Gleiches auch für den amerikanischen Sprachraum[60]. Die Kultur wird hier ebenfalls im Zwei-Buchstaben-Code angegeben.

Funktion

Die Funktion ist simpel, in der Entwicklungsumgebung (z.B. Microsoft (MS)-Visual Studio) wird eine Neue Ressourcendatei angelegt. Erkannt werden die Dateien an der Dateiendung „.resx" und sind einfache XML-Dateien. Damit dem System klar ist, für welche Sprache die Ressourcendatei zuständig ist, existiert ein definiertes Namensformat für die Datei. Eine Ressource ist ein in XML geschriebenes Dokument, welches immer das Format:

Ressourcenname.Sprache-Kultur.resx

oder auch

Ressourcenname.Sprache.resx

als Sicherheit wird auch immer eine sogenannte „Fallback" Ressourcendatei angelegt

Ressourcenname.resx

Diese XML Dateien werden vom Compiler in einer Binärdatei übersetzt, sodass zu jeder Ressourcendatei eine äquivalente Binärdatei existiert. Diese wird üblicherweise in das Verzeichnis „App_GlobalRessources" abgelegt und ist sofort vom Server verwendbar. Durch den Client Browser wird dem Server mitgeteilt, welche Sprache verwendet werden soll. Ist die Sprache nicht als Ressource hinterlegt, so ist die Fallback Ressourcendatei zu verwenden.

3 Analyse

Dieses Kapitel soll die aktuelle Situation des Unternehmens aufzeigen, im Anschluss daran werden die Probleme auf den jeweiligen Ebenen erläutert. Darauffolgend wird das SOLL-Verhalten der Anwendung definiert, in dem sowohl Probleme beseitigt als auch Kundenwünsche aufgenommen sind. Ziel des Kapitels ist eine Basis der Anforderungen zu bilden, auf denen das nachfolgende Konzept aufbauen kann.

3.1 IST

Derzeit werden Mitarbeitergespräche manuell initiiert, so legt sich jeder Vorgesetzte eine Erinnerung in seinem Kalender an, die darauf hinweist wann das nächste Mitarbeitergespräch ist. Erfolgt solch ein Gespräch, so werden die Ergebnisse und Erkenntnisse handschriftlich festgehalten. Die Ergebnisse übertragen die Mitarbeiter der Human Ressources (HR)-Abteilung in einer Excel-Datei, mit deren Hilfe eine Übersicht erstellt wird. Die Ergebnisse und das weitere Vorgehen muss mit drei Unterschriften bestätigt werden. Unterschreiben muss der Mitarbeiter, der Vorgesetzter und zur finalen Genehmigung der nächsthöhere Vorgesetzte. Der direkte Vorgesetzte des Mitarbeiters ist dafür verantwortlich, die Ergebnisse sicher aufzubewahren, damit für das nächste Gespräch ein SOLL / IST Vergleich vorgenommen werden kann.

---

[59]Wenz et al. vgl. S. 988.
[60]Wenz et al. vgl. S. 988.

3.2 Probleme

Durch das beschriebene Vorgehen entstehen Probleme, die vom Datenaustausch bis hin zum Datenschutz reichen. Dieses Kapitel soll die Probleme aufzeigen, die beim manuellen Prozess entstehen können.

Probleme Allgemein

Die entstandenen Dokumente müssen archiviert werden, was je nach Mitarbeiterzahl des Unternehmens ein hoher Aufwand sein kann. Ebenfalls spielt das Thema Datenschutz eine wesentliche Rolle, denn die Mitarbeiterbewertung geschieht auf einem Papierdokument. Der Datenschutz kann nur gewährleistet werden, wenn dieses Dokument sicher und vor Fremdzugriffen geschützt, aufbewahrt wird. Doch oft passiert es, dass ein Dokument ungeschützt auf dem Arbeitsplatz liegt, weil der Verantwortliche schnell in einen wichtigen Termin muss. So ist es möglich, dass Unbefugte die Daten einsehen können.

Probleme seitens HR

Durch die Excel Liste ist es nur bedingt möglich, Auswertungen zu erstellen. Somit besteht, sofern nicht gepflegt, keine Information darüber, welche Ergebnisse noch fehlen. Da die Ergebnisse manuell übertragen werden, schleichen sich schnell Fehler ein und können bei einer Auswertung das Ergebnis verfälschen.

Der HR-Abteilung sind keine Echtzeitauswertungen möglich, denn die Daten werden aus einer Momentaufnahme erhoben. Der Aufwand einer Auswertung beispielsweise für eine Tendenz ist hoch, denn diese wird manuell errechnet und benötigt somit Zeit.

Probleme seitens Vorgesetzten

Der Vorgesetzte hat einen hohen Verwaltungsaufwand, denn er muss sich selbst Terminserien einstellen, um sich hierdurch an die Folgegespräche zu „erinnern". Des Weiteren hat er Sorge zu tragen, dass die Ergebnisse bei der HR-Abteilung ankommen. Er muss sich vorbereitend für die nächsten Gespräche Kopien der Ergebnisse vorheriger Gespräche besorgen, bestenfalls hat er sich eigene Kopien erstellt, was aber dem Datenschutz widerspricht.

3.3 SOLL

Durch die Probleme und die Anforderungen des Kunden ergibt sich ein Anforderungskatalog, der die Funktion der Anwendung definiert. Werden die oben erwähnten Probleme untersucht, so sind diese einzuteilen in Reporting und Datenschutz.

Reporting

Das Reporting ist eines der wesentlichen Instrumente der HR-Abteilung, daher ist eine Anzahl von vordefinierten Reports definiert. Zusammen mit dem Projektverantwortlichen des Unternehmens, wurden folgende Berichte als notwendig gesehen:

- **Auswertung der Gesamtbewertung**
  Der Performance-Bogen beinhaltet Angaben, die mit einem Stufenverfahren durchgeführt werden. Diese Angaben müssen ausgewertet und ausgegeben werden.
- **Konsolidierte Darstellung der Angaben und Bemerkungen über jede Abteilung**
  In den Formularen existieren Freitextfelder zur Angabe von Kommentaren und ähnlichem. Diese sollen konsolidiert dargestellt werden.
- **Auswertung pro Jahr über geführte und nicht geführte Mitarbeitergespräche**

Dieser Bericht soll zeigen, wie viele Gespräche bereits geführt und welche noch offen sind.

Die Darstellung der Ergebnisse soll in Tabellenform und visuell als Diagramm erfolgen. Alle Berichte im SharePoint darzustellen reicht nicht aus, daher ist eine Exportfunktion der Daten ebenfalls erforderlich. Auf die Berichte dürfen auch nur die Mitarbeiter der HR-Abteilung Zugriff haben.

Datenschutz

Es stellt sich die Anforderung, dass die Zugriffe auf die Mitarbeitergespräche nur von befugten Personen eingesehen werden können. Dies gilt somit nur für den Mitarbeiter, den direkten Vorgesetzten und den nächsthöheren Vorgesetzten. Die HR-Abteilung hat lediglich steuernden Zugriff auf die Gespräche. Alle Daten, die durch die HR-Abteilung zur Auswertung herangezogen werden sind teilanonymisiert.

Performance-Bogen

Damit die Gespräche mit Hilfe des SharePoint Systems geführt und ausgewertet werden können ist es notwendig, den bisher verwendeten Performance-Bogen in digitaler Form zu hinterlegen. Es stellt sich somit die Anforderung, eine Webseite im SharePoint zu erstellen, in dem der Mitarbeiter und der Vorgesetzte die entsprechenden Angaben tätigen können. Generell wird ein allgemeiner Performance-Bogen verwendet, jedoch verwendet Polen und Nord-Amerika ein eigenes Formular. Das System muss somit in der Lage sein, zu jedem Land den entsprechenden Performance-Bogen anzuzeigen.

Zusätzliche Kundenanforderungen

Der Kunde wünscht noch weitere Funktionen, die den Prozess vereinfachen und den Datenschutz verbessern.

Dadurch dass der Kunde sein System nicht im Unternehmen betreibt, ist er auf Dienstleister angewiesen. Diese können jederzeit auf die Daten technisch zugreifen um die Daten abzufragen. Damit sensible Daten (Vor- und Nachname, Geburtsdatum, Position usw.) im System geschützt sind, müssen diese verschlüsselt gespeichert werden. Somit kann gewährleistet werden, dass auch auf technischer Ebene keine Daten unerlaubt abgefragt werden können.

Der Kunde besitzt derzeit im SharePoint System keine klare Gruppen-/ Berechtigungsstruktur. Durch eine Organisationsverwaltung soll dies jedoch aufgebaut werden. Der Wunsch des Kunden ist, ein System zu besitzen, mit dem er in der Lage ist, seine Organisationsstruktur auf Basis der Anwendung zu erstellen. Dies bedeutet, dass zu jeder Organisationseinheit eine äquivalente SharePoint-Benutzergruppe erstellt wird. Diese Gruppen beinhalten die zu den Mitarbeitern in der Organisationsstruktur identischen Mitglieder. Die Verwaltung soll nach einem Vier-Augen-Prinzip möglich sein. Dies bedeutet jedoch, dass jede Änderung genehmigt werden muss. Die Rolle des Genehmigenden übernimmt die HR-Abteilung.

Das System soll unterschiedliche Sprachen bereitstellen. In der ersten Phase wird das Gespräch in den Sprachen Englisch und Deutsch bereitgestellt. Doch das System soll so konzipiert sein, dass weitere Sprachen ohne großen Aufwand hinzugefügt werden können.

3.4 Stakeholder

Für das Projekt, das in dieser Arbeit behandelt wird, existieren unterschiedliche Stakeholder. Diese sollen hier kurz vorgestellt werden.

Der Absolvent

Der Absolvent möchte seine Abschlussarbeit mit einer guten Note abschließen, um seine Fähigkeiten als Berater unter Beweis zu stellen.

FOM- Hochschule für Oekonomie und Management

Der betreuende Dozent und der Prüfungsausschuss möchten überprüfen, ob der Absolvent in der Lage ist, sich selbständig zu organisieren und ein Projekt zum Erfolg führen kann. Der Fokus liegt alleine auf dem Prozess und dessen Vorgehen, denn in der Bearbeitungszeit von maximal 4 Monaten ist die Projektarbeit eher schwierig zu beurteilen. Der Prüfungsausschuss beurteilt dabei, ob der Absolvent den Abschluss als Bachelor erhält oder nicht.

Das Unternehmen RealCore Services

Die RealCore Services ist der Arbeitgeber des Absolventen. Das Projekt wird als Kundenauftrag durchgeführt und gibt dem Absolventen die Möglichkeit, das Vorgehen in der Abschlussarbeit aufzuzeigen.

Der Kunde

Der Kunde ist der Auftraggeber für das Projekt. Ziel des Auftraggebers ist es, sein Prozess zu optimieren und Probleme zu minimieren (siehe Kapitel 3).

4 Konzept

Das nun folgende Kapitel erläutert den Prozess von der Planung bis hin zur Realisierung und Auslieferung.

4.1 Projektmanagement

Zur Realisierung des Projekts wird das erweiterte Wasserfallmodell eingesetzt. Ein Ablauf ist in Abbildung 7 zu sehen. Bei diesem Phasenmodell baut jede Phase auf die andere auf.

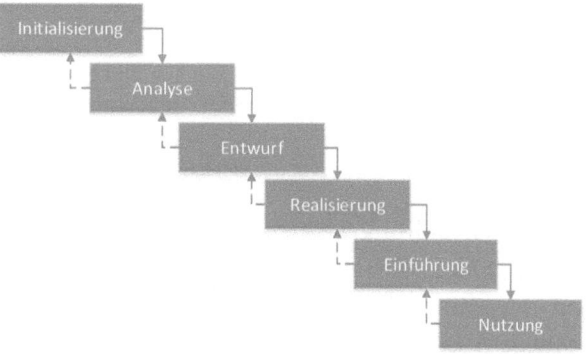

Abbildung 7: Erweitertes Wasserfall Modell

Es erlaubt jedoch einen Rücksprung in die vorherige Phase, falls in der aktuellen Phase gravierende Mängel festgestellt werden oder sich Änderungen in den Anforderungen ergeben. Dieses Vorgehen wurde gewählt, da die Module relativ unabhängig voneinander sind, aber dennoch aufeinander aufbauen. Die im Projekt definierten Milestones sind in sich geschlossene Wasserfälle, die alle Phasen von Initialisierung bis zur Realisierung durchlaufen. Wenn Anforderungen in späteren Phasen auftauchen, ist es problemlos möglich in die

Analyse-Phase zurückzuspringen, ohne den Prozess komplett zu zerstören. Zwar ist dies im Wasserfallmodell eigentlich nicht vorgesehen, kann jedoch bei einer Änderung der Anforderung problemlos durchgeführt werden. Sollte sich eine Anforderung in einer späteren Phase ändern, können sich die vorherigen Phasen relativ einfach entsprechend anpassen lassen. Dies vereinfacht das Projektmanagement enorm, da nicht wie in z.B. SCRUM[61] bis zum nächsten Sprint gewartet werden muss, um auf die neuen Anforderungen zu reagieren.

Jedes Modul erhält eine Teilabnahme, so dass dem Kunden bei jeder Iteration eine Lauffähige Version mit den fertiggestellten Modulen bereitgestellt wird. Diese kann er auf ein separates Testsystem prüfen und auf Basis der Testergebnisse freigeben. In wöchentlichen Jour fixe Terminen[62] werden die Ergebnisse und das weitere Vorgehen besprochen, ebenfalls sollen in diesem Probleme und offene Fragen geklärt werden. Die Jour fixe Termine werden jeden Dienstag durchgeführt, da die Erfahrung gezeigt hat, das die Aufnahmefähigkeit und Motivation in an diesem Tag am günstigsten ist.

Werkzeuge Entwickler

Das System wird in der Programmiersprache C# von zwei Personen parallel entwickelt. Als Programmieroberfläche ist MS Visual Studio 2012 ausgewählt. Des Weiteren wird ein SQL-Server in der Version 2008 verwendet. In diesem sind später die gespeicherten Daten der Applikation abgelegt. Ebenso erhält jeder Entwickler eine Installation des Share-Point Foundation 2010 Servers auf seinem Entwicklungsrechner. Damit auch das parallele Arbeiten problemlos funktioniert, ist ein Team Foundation Server (TFS) als Quellcode Versionsverwaltung eingesetzt. Mit Hilfe dessen können mehrere Personen gleichzeitig an einem Projekt arbeiten, ohne dass Datenverluste auftreten können.

Werkzeuge Projektmanager

Um den Projektverlauf zu überwachen, wird MS-Project eingesetzt. Zusätzlich werden ein TFS-Projekt und dazu Work Items[63] erstellt. Hierdurch können das MS-Projekt und der TFS nahtlos miteinander arbeiten und die Änderungen einfach übertragen, um so einen aussagekräftigen Zeitplan zu erstellen und eventuelle Abweichungen frühzeitig festzustellen. Somit ist bei Bedarf die Anpassung der Planung problemlos möglich.

Zeitplan

Aufgabe	Arbeit
Vorbereitungen	1 Tag(e)
Kick-Off	1 Tag(e)
Entwicklung Grundfunktionen	6 Tag(e)
Entwicklung Organisationspflege	6 Tag(e)
Entwicklung Mitarbeitergespräche	10 Tag(e)
Entwicklung Auswertungen	5 Tag(e)
Entwicklung Benutzertests	15 Tag(e)
GO-Live	5 Tag(e)
Total	**49 Tage**

Tabelle 9: Grober Projektplan

---

[61]Ebenfalls ein agiles Projektmanagement Werkzeug.
[62]Bezeichnung für wiederkehrende Termine.
[63]Bezeichnung für Arbeitsaufgaben im TFS.

Die Tabelle 9 zeigt den groben Projektplan auf. Eine Darstellung aller Aufgaben würde den Rahmen der Thesis sprengen, daher wurde der Fokus auf die Hauptmodule gesetzt. Die jeweiligen Zeiten wurden möglichst detailliert auf Basis der Anforderungen geschätzt. Die Einschätzungen wurden auf Basis von Erfahrungswerten durchgeführt. Zusätzlich ist ein Zeitpuffer vom Faktor 1,2, sowie 1 Risikotag addiert und gleichmäßig auf alle Aufgaben verteilt. Der Faktor ist ein interner Wert, der regelmäßig bei Projekten mit Erfolg eingesetzt wird. Durch den Feiertag (1) ergibt sich ein Planungszeitraum von 49 Arbeitstagen. Die Planung wurde vom Absolventen erstellt und mit dem Geschäftsführer der RealCore Services abgesprochen und genehmigt. Der Projektstart wurde für den 25.09.2013 terminiert, so dass dort der Kick-Off Termin stattfand. In Abhängigkeit an diesem Termin wurden die nachfolgenden Schritte geplant, sodass die Meilensteine wie in Tabelle 10 definiert sind.

Meilenstein	Datum
Fertigstellung Organisationsverwaltung	15.10.2013
Fertigstellung Workflow Management	26.10.2013
Fertigstellung von Bewertungsformularen	29.10.2013
Fertigstellung der Auswertungen	04.11.2013
Finale Abnahme	26.11.2013
Freigabe Live System	04.12.2013

Tabelle 10: Projekt Meilensteine

In den regelmäßigen Terminen werden neben dem Projektplan auch die Ergebnisse zu den Meilensteinen kontrolliert, und anschließend das weitere Vorgehen besprochen.

Risikoanalye

Die Einschätzungen wurden auf Basis einer Risikoanalyse (siehe Tabelle 11) durchgeführt. Anhand der Tabelle konnten entsprechende Sicherheiten zu den Zeiten hinzugerechnet werden.

Risiko	Wahrscheinlichkeit	Auswirkungen
Unterschätzen des Projektumfangs. Es können viele Standardelemente verwendet werden. Somit ist ein Risiko nicht zu erwarten.	Gering	Hoch
Änderung der Spezifikation. Sehr wahrscheinlich, da ausgeprägtere Anforderungen nur für das Organisationsmanagement vorhanden sind.	Hoch	Hoch
Krankheit des Absolventen. Je nach Dauer der Krankheit muss der Applikationsumfang gekürzt werden. Damit dies verhindert wird, ist ein zusätzlicher Zeitpuffer eingeplant.	Mittel	Mittel
Kürzung des Projektbudgets. Dies ist sehr unwahrscheinlich, da dies den Projektabbruch einleiten würde.	Gering	Hoch

Tabelle 11: Risiko Tabelle

4.2 Qualitätsmanagement

Die Applikation muss unterschiedlichen Qualitätsstandards entsprechen. Hierbei sind zusätzlich zu den Kriterien des Kunden auch eigene definiert. Im folgendem werden die Kriterien des Kunden und der RealCore Services definiert.

4.3 Abnahmekriterien RealCore Services

Die RealCore Services stellt eigene Anforderungen, so dass immer ein Mindestmaß an Qualitätskriterien definiert wird.

Kriterium	Beschreibung
Funktionalität	Die Anwendung muss zuverlässig sein.
Zuverlässigkeit	Die Anwendung darf unter keinen Umständen Fehler verursachen. Fehlerhafte Eingaben dürfen nicht zum Absturz der Anwendung führen.
Bedienbarkeit	Die Applikation muss von der Bedienbarkeit einfach gehalten werden. Somit soll der Aufwand für ein Bedienungshandbuch gering gehalten werden.
Performance	Die Ausführung von Aktionen dürfen maximal 2 Sekunden andauern.
Wartung	Die Quellcodes müssen ausreichend dokumentiert sein, somit darf die Komplexität des Quellcodes nicht zu hoch sein. Des Weiteren muss der Quellcode gut zu strukturieren sein, dazu helfen folgende Werkzeuge und Richtlinien: • .Net Design [a] und Coding Guidelines [b] sind einzuhalten. • Eine gute Unit-Test Code Abdeckung. • Sinnvoll eingesetzte Softwarepatterns. • Simple Programmierung.

Tabelle 12: Abnahmekriterien RealCore Services

---

[a]Siehe http://msdn.microsoft.com/en-us/library/ms229042.aspx - 18.11.2013
[b]Siehe http://blogs.msdn.com/b/brada/archive/2005/01/26/361363.aspx - 18.11.2013

4.4 Abnahmekriterien Kunde

Der Kunde stellt Kriterien (Siehe Tabelle 13) auf, welche die Applikation erfüllen muss, damit sie in den Betrieb überführt werden kann.

Kriterium	Beschreibung
Funktion	Die Anwendung darf nicht abstürzen oder Fehler produzieren.
Funktionalität	Die Verwaltungsaufgaben dürfen nur einem bestimmten Benutzerkreis zugänglich sein. Somit darf es auch nicht möglich sein, unberechtigte Änderungen an der Organisationsstruktur durchzuführen.
Geringer Schulungsaufwand	Der Kunde wünscht eine intuitive Benutzeroberfläche. Es ist das Ziel, die Kosten für Schulungen gering zu halten.
Datensicherheit	Die eingegebenen Daten müssen vertraulich behandelt werden. Somit sind die Eingabedaten auch in der Datenbasis zu verschlüsseln. So kann gewährgeleistet werden, dass ein Fremdzugriff unlesbare Daten anzeigt.
Corporate Design (CD)	Das Design der Anwendung muss den Designvorgaben des Unternehmens übereinstimmen.
Performanz	Die Anwendung darf keine langen Ladezeiten besitzen. Die Anwendung muss flüssig laufen und dem Benutzer ermöglichen, schnell damit arbeiten zu können.
Internationalisierung	Die Applikation muss mehrere Sprachen unterstützen. Ist eine Sprache nicht unterstützt, so tritt Englisch als die Hauptanzeigesprache ein
Auswertbarkeit	Die Daten, welche durch die Performance-Bögen eingegeben wurden, sollen durch das System ausgewertet und nur von berechtigten Personen exportiert werden können.

Tabelle 13: Abnahmekriterien des Kunden

4.5 Realisierung

Die Realisierung des Systems wird in Insgesamt vier Iterationen durchgeführt. Nach jeder Iteration ist dem Kunden eine lauffähige Version auf dem Testsystem bereitzustellen.

Die erste Iteration dient zur Realisierung der Applikations- Grundfunktionen. Es wird hier unter anderem das Datenmodell und ein Basisframework für die Applikation entwickelt.

Die nachfolgende Iteration widmet sich nur dem Modul für die Organisationspflege, welche im Kapitel 4.9 näher erläutert ist. Nach Abschluss folgt die Realisierung der Gesprächsformulare, in denen die Bewertung von den Mitarbeitern und den dazugehörigen Vorgesetzten durchgeführt werden. Ebenso werden hier die verantwortlichen Workflows zur Steuerung der Gespräche definiert. Zum Abschluss wird das Modul Auswertungen realisiert, in diesem sind die Auswertungen und dazugehörigen Exporte für die Fachbereiche implementiert.

4.6 Softwarearchitektur

Das System besteht aus den Bestandteilen Datenbank, Webapplikation und den drei unterschiedlichen Diensten (Siehe Abbildung 8), dessen Konfiguration in der Zentraladministration (Kapitel 2.3.5) vorgenommen werden kann. Nachfolgend werden die unterschiedlichen Komponenten und deren Funktionsweise näher erläutert.

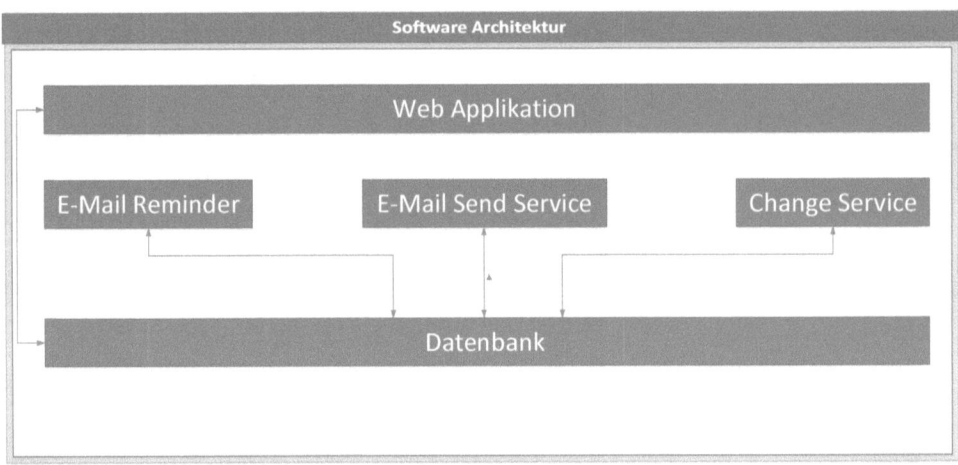

Abbildung 8: Software Architektur

4.6.1 Datenbank

Die Datenbank beinhaltet alle eingegeben Daten aus der Software. Sie besteht aus unterschiedlichen Tabellen und Datenbank Prozeduren. Damit die Datensicherheit gewährleistet wird, ist es dem Endbenutzer nicht erlaubt, direkt auf die Datenbank zuzugreifen. Er kann nur über die Applikation die Daten abfragen.

4.6.2 Mehrsprachigkeit

In Kapitel 4.4 wurde das Abnahmekriterium definiert, das die Anwendung mehrere Sprachen unterstützen muss. Der Kunde wünscht die Unterstützung der Sprachen Englisch und Deutsch.
Durchgeführt wird dies mit den bereits beschriebenen Ressource-Dateien (Siehe Kapitel 2.3.6).
Es sollen keine regionsspezifischen Einstellungen berücksichtigt werden, so dass nur die allgemeine Sprache Englisch zu pflegen ist. Der Kunde ist verantwortlich, die Texte in die jeweils geforderte Sprache zu übersetzen.

4.6.3 E-Mail Send Service

Das System informiert die Benutzer über E-Mails. Der Standard SharePoint E-Mail Versand kann zwar verwendet werden, jedoch ist es nicht möglich das Look'n'Feel der Applikation direkt nachzubilden und so dem CD des Unternehmens nachzukommen. Somit wurde entschieden einen eigenes E-Mail-sende-Werkzeug zu erstellen. Das Versenden der E-Mail geschieht über ein SharePoint Zeitgeberauftrag. Er läuft alle 30 Sekunden und fängt an, die anstehenden Nachrichten zu versenden. Dieser Dienst ermittelt die zu senden E-Mails anhand einer Warteschlangen-Tabelle in der Datenbank. Die Datenbank beinhaltet die Felder aus Tabelle 14.
Wenn der Dienst anfängt seine Arbeit zu verrichten, dann sucht er nach den Einträgen, die noch keine Daten in der Spalte SendDate beinhalten. Können E-Mail Adressen nicht aufgelöst werden oder tritt ein Fehler im Versand auf, dann ist dies im SharePoint Fehlerprotokoll vermerkt und der Versand wird im nächsten Durchlauf erneut versucht. Die Anzahl der Versuche ist unbegrenzt, sodass die E-Mails nicht verloren gehen. Sobald aber eine Nachricht erfolgreich versendet ist, hinterlegt der Dienst das Versanddatum im Feld SendDate, so dass die Nachricht im nächsten Durchlauf nicht mehr versendet wird.

Spalte	Datentyp	Beschreibung
Receiver	Text	Beinhaltet den SharePoint Benutzernamen oder die SharePoint Benutzergruppe.
Subject	Text	Beinhaltet eine Textzeile, welche im Betreff ausgegeben wird.
Message	Text	Beinhaltet den Text der E-Mail. Der Text kann reiner Text, aber auch ein HTML-Text inkl. Formatierungen sein.
CreateDate	Text	Beinhaltet den Zeitstempel der Datensatz Erstellung.
SendDate	Text	Beinhaltet das Datum, wann die E-Mail versendet wurde.

Tabelle 14: Tabellendefinition für den E-Mail Send Service

4.6.4 Change Service

Der Change Service führt Änderungen für die Organisationseinheiten durch. In der Organisationsverwaltung der Applikation (siehe Kapitel 4.9) besteht die Möglichkeit, im System selbst Organisationseinheiten anzulegen und diesen Mitarbeiter zuweisen zu können. Ebenso besteht die Möglichkeit, diese auch zu löschen. Zu jeder Organisationseinheit wird auch eine SharePoint Sicherheitsgruppe angelegt. Bedingt durch die Berechtigungsstruktur des Systems ist es nicht jedem Benutzer erlaubt, die Sicherheitsgruppen erstellen oder zu modifizieren. Deshalb sollen diese Arbeiten durch diesen SharePoint Zeitgeberauftrag durchgeführt werden, denn der Benutzerkontext des Service befindet sich auf einer höheren Ebene, und darf somit diese Modifikationen durchführen. Der Dienst bedient sich wie der E-Mail Send Service (siehe Kapitel 4.6.3) mit Daten aus einer Tabelle (siehe Tabelle 15). Der Dienst fängt alle 30 Sekunden an seine Arbeiten zu erledigen, er schaut in der Tabelle nach Einträgen, die den Status 'Spooled' besitzen. Diese Datensätze sind noch nicht durchgeführt und können in das System überführt werden. Sobald ein Datensatz in der Tabelle überführt ist, wird der Status in der Tabelle für den Datensatz auf „Executed" gesetzt. Es soll hier auch angemerkt werden dass dieser Dienst asynchron zur Webapplikation läuft. Das bedeutet, dass die Benutzer durch die Aktivitäten keine Verlangsamung des Systems bemerken o.ä.

4.6.5 E-Mail Reminder

Der E-Mail Reminder ist lediglich, wie der Name schon sagt, ein Erinnerungsservice. In der Praxis werden alle 11 Monate die Vorgesetzten darauf aufmerksam gemacht, dass die Mitarbeitergespräche starten sollen. Dies soll zukünftig durch das System durchgeführt werden. Der Dienst läuft asynchron und prüft jeden, im System bekannten Benutzer ob sein letztes Gespräch mindestens 11 Monate in der Vergangenheit vorliegt. Trifft dies zu, wird dem direktem Vorgesetzten eine E-Mail gesendet, in dem bekannt gemacht wird, dass mit dem entsprechenden Mitarbeiter ein Gespräch fällig ist. Besitzt der Mitarbeiter bis dato noch kein geführtes Gespräch, dann ist auch keine weitere Aktion notwendig. Dieser Dienst läuft einmal täglich, so dass jeden Tag geprüft werden kann, ob ein Gespräch initiiert werden muss. Es werden hierbei auch so lange E-Mails versendet, bis ein Gespräch angelegt wurde.

4.6.6 Webapplikation

Die Webapplikation ist der Hauptbestandteil der zur entwickelnden Applikation. Diese wird in dem SharePoint als Feature (Siehe 2.3.2) implementiert. So integriert sich die We-

Spalte	Datentyp	Beschreibung
ChangeType	Text	Hier befindet sich nur ein Wort, mit Hilfe dessen im Quellcode unterschieden werden kann, um welches Objekt es sich handelt. Mögliche Werte sind derzeit: • ORGUNIT • EMPLOYEE
ReferenceIdent	Zahl	Dies ist der Primär Schlüssel der Fremddatenbank, damit im Quelltext das entsprechende Objekt geladen und somit modifiziert werden kann
BeforeObject	Text	Hier befindet sich das Objekt in XML-Form in dem Vorher-Zustand. Falls es sich um eine Neuanlage handelt, ist dieses Feld leer.
AfterObject	Text	Hier befindet sich das Objekt in XML-Form in dem Nachher-Zustand. Falls es sich hier um eine Löschung handelt, ist dieses Feld leer.
State	Text	Hier wird der derzeitige Status festgehalten. Mögliche Werte sind: • Spooled • Executing • Executed
CreateDate	Datum	Das Datum der Anlage vom Datensatz.
CreatedFrom	Text	Der Benutzername der diesen Datensatz erstellt hat (Antragssteller).
ExecuteDate	Datum	Das Datum wann die Änderung durchgeführt wurde.

Tabelle 15: Tabellendefinition für den Change Service

bapplikation nahtlos in den SharePoint und übernimmt den Großteil des bereits vorhandenen CD. Sie besteht aus unterschiedlichen Modulen, die alle separat durch den SharePoint berechtigt werden können. Über die Startseite, dem Dashboard (Kapitel 4.8), gelangen die Benutzer zu den Modulen:

- Organisationsverwaltung

- Change Requests

- Mitarbeitergespräche

- Auswertungen

4.6.7 Applikationsberechtigungen

Damit beispielsweise die Pflege der Organisationsverwaltung durchgeführt werden kann, werden bei der Installation der Applikation, Standard SharePoint Sicherheitsgruppen mit installiert:

- **Staff_Appraisal**
  Mitarbeiter dieser Gruppe besitzen administrativen Zugriff auf die Mitarbeitergespräche und haben ebenso Einsicht in diese.

- **Orgmanagement**
  Mitarbeiter dieser Gruppe besitzen administrativen Zugriff auf die Organisationsverwaltung und die Change Requests.

- **Reporting**
  Mitarbeiter dieser Gruppe besitzen Zugriff auf alle Auswertungen, welche die Applikation anhand der Eingabedaten erstellt.

Zuweisungen zu diesen Gruppen werden durch den SharePoint Administrator durchgeführt. Weiter gilt, wenn ein Benutzer nicht Mitglied in einer der oben genannten Gruppen ist, erhält er nur einen Einstieg in seine Mitarbeitergespräche. Da das Unternehmen in Gesellschaften aufgeteilt ist, und jede Gesellschaft eigene Administratoren besitzt, ist es notwendig, die drei Gruppen für jede Gesellschaft neu zu definieren. So kann gewährleistet werden, dass eine Gesellschaft, die Daten der anderen Gesellschaft nicht einsehen kann. Ebenso ist sichergestellt, dass jede Gesellschaft ihre administrativen Aufgaben selbst delegieren kann.

4.7 Rollen

Das System wird von verschiedenen Rollen verwendet. Jede Rolle besitzt ihren eigenen Handlungsspielraum. Diese werden im Folgenden definiert und deren Spielraum erläutert. Angefangen wird bei der untersten Ebene, dem Mitarbeiter, darauf aufbauend wird der Abteilungsleiter definiert bis es zu der höchsten Ebene, der Personalabteilung kommt.

4.7.1 Mitarbeiter

In dieser Rolle werden alle Mitarbeiter des Unternehmens hinzugefügt, jedoch besitzt diese Rolle die wenigstens Berechtigungen. Somit darf eine Person, die nur dieser Rolle zugewiesen ist, nur ihre eigenen Gesprächsbögen einsehen und bearbeiten, sofern diese nicht bereits abgeschlossen sind.

4.7.2 Abteilungsleiter

Der Rolle Abteilungsleiter werden alle Vorgesetzten zugewiesen. Der Abteilungsleiter hat jedoch mehr Optionen als der normale Mitarbeiter. Er kann zu den eigenen Mitarbeitergesprächen auch die seiner direkten Mitarbeiter einsehen. Allein durch das Wissen der abgelegten Informationen über die beiden Gruppen ist es möglich, eine kleine Hierarchie, bestehend aus Mitarbeiter und Abteilungsleiter, aufzubauen. Deshalb bilden diese beiden Rollen den Kern einer Hierarchie Abbildung im System.

4.7.3 Human Ressource (Personalabteilung)

Die Personalabteilung (HR) gehört nicht direkt zur Hierarchie, sie steht zwar an oberster Stelle, hat jedoch keinen direkten Einfluss auf operatives führen der Gespräche. In dieser Rolle werden alle Mitarbeiter zugewiesen, die der HR-Abteilung angehören. Diese Rolle ist verantwortlich für die Pflege der Organisationsstruktur im System. Für die Rolle ist es ebenfalls relevant, Aussagen über Fortschritte zu machen, daher ist es dieser Rolle erlaubt, Berichte aufzurufen (siehe Kapitel 4.12). Weitere Berechtigungen sind das Einleiten von Mitarbeitergesprächen und das Einsehen der bereits abgeschlossenen Gespräche.

Die folgenden Kapitel werden das Verhalten für eine Gesellschaft definieren, da die Funktion immer die gleiche bleibt.

4.8 Dashboard

Wie bereits beschrieben, erhalten die Benutzer unterschiedliche Einstiegsmöglichkeiten. Diese Funktion wird durch ein Dashboard gesteuert. Es stellt Einstiegselemente als Kacheln dar (siehe Abbildung 9). Eine Kachel zeigt nicht nur den Namen des Bereichs an, sondern auch einen kleinen Zahlenindikator, der unterschiedliche Bedeutungen besitzt:

Abbildung 9: Beispiel Kachel im Dashboard

- **Organisationsverwaltung**
  Ist der Benutzer in der Gruppe „Orgmanagement", dann wird die Anzahl aller Organisationseinheiten in der Gesellschaft angezeigt. Ein Abteilungsleiter sieht hier nur die Anzahl der Organisationseinheiten zu denen er Zugriff besitzt.

- **Change Requests**
  Ist der Benutzer in der Gruppe „Orgmanagement", dann wird ihm die Anzahl der noch offenen Changes für die Gesellschaft angezeigt. Ein Abteilungsleiter sieht hier nur die Anzahl seiner beauftragten Changes zu seinen Organisationseinheiten.

- **Mitarbeitergespräche**
  Ist der Benutzer in der Gruppe „Staff_Appraisal", dann werden ihm wird ihm hier die Gesamtzahl der aktiven Mitarbeitergespräche angezeigt. Der Abteilungsleiter sieht die Anzahl der aktiven Mitarbeitergespräche seiner Organisationseinheit. Der Mitarbeiter selbst sieht nur seine aktiven Mitarbeitergespräche.

- **Auswertungen**
  Hier ist kein Indikator vorhanden, da dies ein Einsprung auf ein Reporting Dashboard bietet.

Die Kacheln werden je nach Berechtigung ein- bzw. ausgeblendet, sodass im Dashboard ein zentralen Einstiegspunkt für die Applikation gebildet wird.

4.9 Organisationsverwaltung

Die Organisationverwaltung ist ein wichtiges Modul der Applikation und bietet ein Werkzeug zur Abbildung einer Hierarchie des Unternehmens im System. Im Wesentlichen behandelt die Organisationsverwaltung folgende Aspekte:
- Erstellung einer dokumentierten Organisationsstruktur
- Steuerung der Zugriffe auf Mitarbeitergespräche

In diesem Bereich ist es somit möglich, eine Organisationseinheit anzulegen, um den Vorgesetzten der Organisation und die Mitarbeiter zu definieren. Praktischerweise bildet eine Organisationseinheit ein Team im Unternehmen ab. Eine Organisation besteht nur aus den Daten: Name, Vorgesetzter und Gesellschaft. Die Gesellschaft wird je nach Land automatisch durch die Applikation ermittelt. Es gibt jedoch Ausnahmen, bei denen mehr als nur eine Gesellschaft pro Land existieren. In solch einem Fall wird dem Benutzer eine Auswahl angezeigt die eine Liste der Gesellschaften für sein Land beinhaltet.

Bedingung	Beispiel
Der Name der Organisationseinheit darf in der aktuellen Gesellschaft nicht vorkommen.	Es soll verhindert werden das identische Namen zur Verwirrung beim Benutzer führen.
Ein Abteilungsleiter darf in unterschiedlichen Organisationseinheiten der gleichen Gesellschaft zugewiesen werden.	In der Praxis ist ab und an ein Abteilungsleiter für 2 Teams und somit Organisationseinheiten verantwortlich. Damit das System dies abbilden kann, ist diese Einschränkung zu berücksichtigen.
Zu jeder Organisationseinheit muss eine SharePoint Gruppe existieren.	Damit der Name der SharePoint Gruppe eindeutig zu identifizieren ist, wird das folgende Format verwendet 'LANDESKÜRZEL (GESELLSCHAFTSCODE) _GRUPPENNAME'
Ein Abteilungsleiter darf in der Hierarchie nicht sein eigener Mitarbeiter sein	Dies nennt man Rekursiven Bezug und würde zur Folge haben, dass jeder Mitarbeiter in der rekursiven Hierarchie alle Mitarbeitergespräche einsehen könnte. Das darf allein aus Datenschutzgründen nicht erlaubt sein, daher muss diese Konstellation unterbunden werden.

Tabelle 16: Eingabeprüfungen in der Organisationsverwaltung

Zu der Anlage einer Organisationseinheit gehört auch die Zuweisung von Mitarbeitern. Die Zuweisung kann nur nach der Anlage der Organisationseinheit durchgeführt werden. Ist dies erfolgt, dann kann man durch die Eingabemaske wie in Abbildung 10 dargestellt, die Zuweisung der Mitarbeiter durchführen. Hier werden einzelne oder mehrere Benutzer gleichzeitig angegeben. Ist eine Zuweisung fehlerfrei erfolgt, dann erscheinen die Mitarbeiter in der darunter befindlichen Liste. Treten Fehler auf, so werden die fehlerhaften Einträge und deren Probleme dazu mit einer Fehlermeldung quittiert. Die Tabelle 16 zeigt detailliert die Prüfungskriterien für die Anlage und die Bearbeitung einer Organisationseinheit auf.

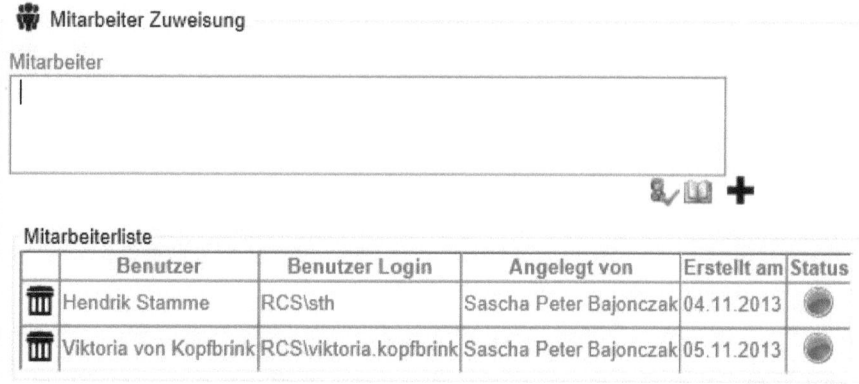

Abbildung 10: Eingabemaske für die Mitarbeiterverwaltung

4.9.1 Berechtigung

Dieses Modul unterteilt sich in den Bereichen: Organisationsverwaltung und Mitarbeiterverwaltung. Jeder Bereich besitzt eigene Aktionen, so dass ist es in der Organisationsverwaltung möglich ist, eine Organisationseinheit zu erstellen, löschen oder zu bearbeiten. In der Mitarbeiterverwaltung können jedoch nur Mitarbeiter einer Organisationseinheit zugewiesen oder entfernt werden. Jeder dieser Aktionen ist nur für bestimmte SharePoint Sicherheitsgruppen zulässig. Die Tabelle 17 zeigt die Berechtigungen für die jeweiligen Rollen (Kapitel 4.7) auf. Die beiden Rollen Orgmanagement und Vorgesetzter besitzen Zugriff zu diesen Modul. Die Mitarbeiter in Orgmanagement dürfen Organisationseinheiten erstellen, löschen und bearbeiten, ebenso dürfen er auch Mitarbeiterzuweisungen vorgenommen werden. Der Vorgesetzte jedoch sieht nur seine eigene Organisationseinheit und kann diese bearbeiten oder Mitarbeiterzuweisungen durchführen.

Rolle	Organisationseinheit				Mitarbeiter	
	Zugriff	Erstellen	Löschen	Bearbeiten	Zuweisen	Entfernen
Orgmanagement	X	X	X	X	X	X
Vorgesetzter	X	-	-	X	X	X
Mitarbeiter	-	-	-	-	-	-

Tabelle 17: Berechtigung für die Organisationsverwaltung

4.9.2 Prozess

Eine Änderung an der Organisationsstruktur geschieht asynchron, denn es muss zu jeder Organisationseinheit genau eine SharePoint Gruppe erstellt werden. Damit dies gelingt, muss der Prozess über einen SharePoint Zeitgeberauftrag (Siehe Kapitel 2.3.4) durchgeführt werden. Dieser besitzt ausreichend Berechtigungen, um Benutzergruppen im SharePoint System zu modifizieren und somit auch Benutzerzuweisungen durchzuführen. Durch die unterschiedlichen Berechtigungen existiert für jede Rolle ein eigener Prozess. Der Changeservice (Beschrieben in Kapitel 4.6.4) übernimmt diese Aufgabe.

Orgmanagement-Mitarbeiter
Der Mitarbeiter in der Org.-Management Gruppe darf zu jeder Zeit Organisationseinheiten anlegen, löschen oder bearbeiten. Ebenso besitzt er die Berechtigung zu bestehenden Organisationseinheiten, um Mitarbeiter hinzufügen oder aber auch zu entfernen. Jede Änderung wird in einer Warteschlange eingereiht und wird durch den Zeitgeberauftrag (siehe 4.6.4) ohne Genehmigungsprozess ausgeführt. Einem Mitarbeiter ist im SharePoint System je ein Benutzer einer SharePoint Sicherheitsgruppe zugewiesen.

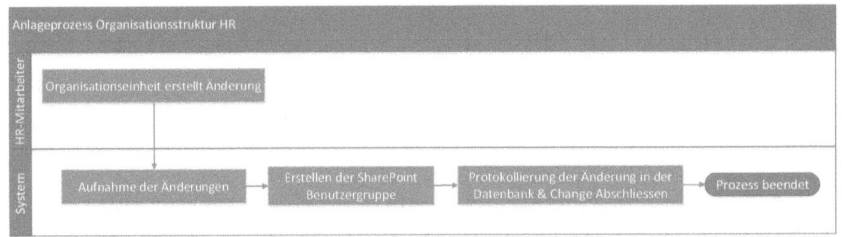

Abbildung 11: Change Prozess Organisationsmanagement HR

Vorgesetzter

Ein Vorgesetzter sieht nur seine eigene Organisationseinheit, zu der er als Vorgesetzter definiert ist. Er ist in der Lage, Änderungen an seiner Organisationseinheit vorzuschlagen. Darunter fallen die Aktionen Änderung, Mitarbeitszuweisung und Mitarbeiterentfernung. Der Prozess ist in Abbildung 12 aufgezeigt. Die Änderungen sind von der HR-Abteilung, die Mitglied in der Rolle Orgmanagement ist, zu genehmigen. Erst danach werden die Änderungen ins System überführt. Das Ziel dabei ist es, dem Vorgesetzten ein Mittel zu geben, Angaben über seine Organisationseinheit zu erweitern bzw. zu ändern, so dass die HR-Abteilung Kenntnis davon bekommt. Im SharePoint System ist der Abteilungsleiter ein Mitglied der SharePoint Sicherheitsgruppen zur Organisationseinheit.

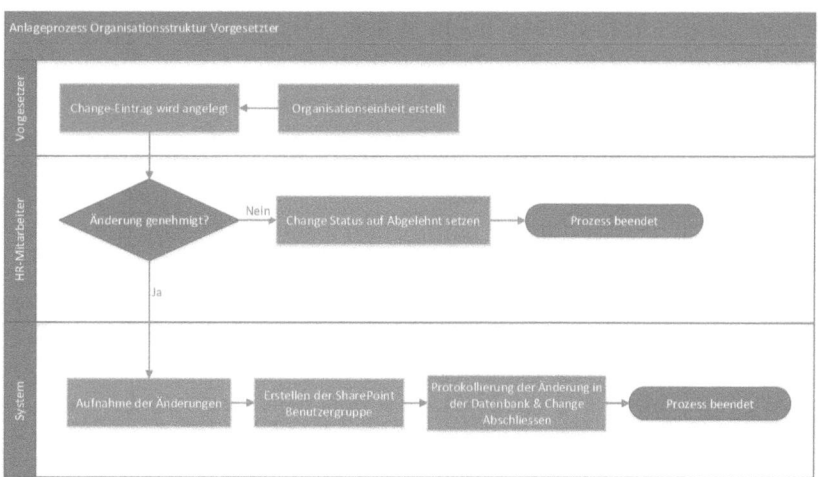

Abbildung 12: Change Prozess Organisationsmanagement Vorgesetzter

4.9.3 Abnahmekriterien

Für die erfolgreiche Abnahme des Moduls gelten folgende Kriterien:

- **Zugriff zu diesem Modul besitzen nur die Abteilungsleiter und die Mitarbeiter in der SharePoint Gruppe „Orgmanagement".**
- **Die Applikation muss gewährleisten dass der Name einer Organisation zu der Gesellschaft eindeutig ist.**
  Es darf z.B. die Organisationseinheit „Orgeinheit1" nicht zweimal in der gleichen Gesellschaft auftauchen.
- **Die Applikation muss gewährleisten das Zirkelbezüge zwischen den Organisationseinheiten nicht zugelassen werden.**
  Existiert in der obersten Hierarchie die Organisation „Org1" mit Abteilungsleiter „A1", dann darf in den darunter liegenden Organisationseinheiten der Abteilungsleiter „A1" nicht wieder als Mitarbeiter zugewiesen sein.
- **Zu jeder Organisationseinheit muss immer eine SharePoint Sicherheitsgruppe im gefordertem Format erstellt sein**
  Wird in der Gesellschaft „ABC" in Deutschland, die Gruppe „Org1" angelegt, dann lautet die SharePoint Gruppe „DE (ABC)_Org1"

- **Jede Änderung an einer Organisationseinheit geschieht nur mit Hilfe von Change Requests. Ausgenommen sind Mitarbeiter die der SharePoint Gruppe „Orgmanagement" zugewiesen sind**
  Bei jeder Änderung an einer Organisationseinheit durch einen Mitarbeiter, wird eine

E-Mail an die Mitglieder der „Orgmanagement" versendet, mit der Bitte zur Prüfung und Bestätigung der Änderung.

4.10 Change Requests

Wie bereits im Kapitel 4.9 angeschnitten, werden Änderungen an einer Organisationseinheit über eine Warteschlange ausgeführt. Aus dieser Warteschlange bedient sich der Zeitgeberauftrag für die Änderungen (siehe 4.6.4). Die Maske Change Requests listet die angeforderten Änderungsaufträge für die Gesellschaft auf. Die Auflistung wird als Tabellenform dargestellt, die Tabelle 18 gibt die Felder wieder und erläutert dessen Bedeutung. Wie bereits im Kapitel 4.9 angeschnitten, werden Änderungen an einer Organisationseinheit über eine Warteschlange ausgeführt. Aus dieser Warteschlange bedient sich der Zeitgeberauftrag für die Änderungen (siehe 4.6.4). Die Maske Change Requests listet die angeforderten Änderungsaufträge für die Gesellschaft auf. Die Auflistung wird als Tabellenform dargestellt, die Tabelle 18 gibt die Felder wieder und erläutert dessen Bedeutung.

Tabellenfeld	Erläuterung
Aktion	In dieser Spalte werden die möglichen Aktionen dargestellt. Diese werden abhängig von der Berechtigung eingeblendet. Unterstützte Aktionen sind: • Rückgängig • Genehmigen • Ablehnen
Typ	Diese Spalte gibt die Information wieder, um welches Objekt es sich bei diesem Change handelt. Aktuell wird nur die Organisationseinheit und der Mitarbeiter unterstützt.
Details	In dieser Spalte werden die zu ändernden Daten als Tabelle dargestellt. Dazu sind die alten Werte gegenüber den Neuen Werten gestellt.
Antragssteller	Das Feld zeigt, wer diesen Change initiiert hat. So ist es möglich nachzuvollziehen, ob der aktuelle Abteilungsleiter, oder sein Vorgänger, den Change initiiert hat.
Antragsdatum	Ein Zeitstempel an dem der Change erstellt wurde.

Tabelle 18: Feldbeschreibungen Change Requests

4.10.1 Change Objekte

Wie in Tabelle 18 beschrieben, existieren die zwei Change Objekte:
• Organisationeinheit-Change
• Mitarbeiter-Change

Der Organisations-Change fokussiert sich auf die Anlage, Löschung und Bearbeitung von Organisationseinheiten. Wenn es sich um eine Neuanlage handelt, dann sind in der Spalte Details alle Metadaten (Name, Vorgesetzter usw.) angezeigt. Bei einer Löschung der Organisationseinheit werden die noch bestehenden Daten angezeigt. Handelt es sich um eine Änderung einer Organisationseinheit, dann wird diese als Delta dargestellt. Das bedeutet, dass die geänderten Daten in Tabellenform gegenüber den alten noch existierenden Daten gegenübergestellt werden. Das soll helfen, die Änderungen schneller zu identifizieren.

Bei einem Mitarbeiter-Change werden nur Zuweisungen angezeigt. So wird bei einer Zuweisung eines Mitarbeiters zu einer Organisationseinheit nur aufgezeigt, welcher Mitarbeiter, zu welcher Organisationseinheit zugewiesen wird. Beim Entfernen von einer Organisationseinheit, wird ebenfalls nur ausgegeben, welcher Mitarbeiter aus welcher Organisationseinheit entfernt wird.

4.10.2 Berechtigung

Zu diesem Modul besitzen nur die Rollen Orgmanagement und Abteilungsleiter Zugriff. Die Tabelle 19 zeigt welche Berechtigungen hinterlegt und zu welcher Rolle Sie zugeordnet sind. Es wichtig zu wissen, dass ein Mitarbeiter in der Rolle Orgmanagement die gewünschten Änderungen seiner Gesellschaft einsehen, und diese genehmigen oder ablehnen kann. Der Abteilungsleiter selbst sieht nur seine Änderungen an seiner Organisationseinheit, die er zurückziehen und somit rückgängig machen kann.

Rolle	Berechtigungen		
	Genehmigen	Ablehnen	Rückgängig
Orgmanagement	X	X	-
Abteilungsleiter	-	-	X
Mitarbeiter	-	-	-

Tabelle 19: Berechtigung in der Change Requests Maske

4.10.3 Prozess

Sobald ein Änderungsantrag durch den Abteilungsleiter einer Organisationseinheit erstellt wurde, dann erhalten die Mitarbeiter der Orgmanagement Gruppe eine E-Mail. In dieser stehen bereits Angaben über Art des Antrags, um welche Daten es sich handelt und einen Link zu der Übersichtsseite der Change Request Maske.
Ist der Benutzer in der SharePoint Gruppe „Orgmanagement", werden Ihm die Änderungswünsche der eigenen Gesellschaft angezeigt. Sobald ein Antrag genehmigt ist, erhält der Antragssteller eine E-Mail mit einer Aussage, dass die Änderungen genehmigt wurden. Parallel dazu überführt der Zeitgeberauftrag (Kapitel 4.6.4) die Änderungen in das System. Ist der Antrag jedoch abgelehnt, erhält der Antragsteller ebenfalls eine E-Mail in der eine Information steht, dass der Antrag abgelehnt wurde. Eine Überführung im System erfolgt nicht. Der Eintrag wird in beiden Fällen aus der Übersichtsliste entfernt.

4.10.4 Abnahmekriterien

Für die erfolgreiche Abnahme des Moduls gelten folgende Kriterien:
- **Zugriff besitzen die Mitglieder der SharePoint Gruppe „Orgmanagement" und die jeweiligen Abteilungsleiter.**
  Somit soll sichergestellt werden, dass die entsprechenden Parteien Einsicht in die Changes besitzen.
- **Der Abteilungsleiter darf nur seine Eigenen Change Requests sehen und entsprechend zurückziehen**
  Dem Abteilungsleiter muss es möglich sein, sein Änderungsantrag wieder zurück zu ziehen.
- **Nur die Mitarbeiter aus der SharePoint Gruppe „Orgmanagement" darf Change Requests genehmigen bzw. ablehnen.**

- **Ist ein Change akzeptiert oder abgelehnt, muss eine E-Mail mit der entsprechenden Information, an den Antragssteller versendet werden**

4.11 Mitarbeitergespräche

Dieses Kapitel beschreibt das Modul für die Durchführung der Mitarbeitergespräche. Es beschreibt den Aufbau des Moduls sowie den detaillierten Aufbau des Performance Bogens. Im Anschluss dessen wird der dazugehörige Prozess erläutert und auf die Benutzerberechtigung des Moduls eingegangen.

Dieses Modul bildet zusammen mit der Organisationsverwaltung (siehe Kapitel 4.9) das Kernstück der Applikation, denn hier werden die Bewertungsdaten für den jeweiligen Mitarbeiter über den Performance-Bogen ermittelt. Anhand der Daten kann dann eine Performance Messung durchgeführt werden. Die eingegebenen Daten sind sensible Personaldaten, so dass der Zugriff auf die Mitarbeitergespräche nur von den autorisierten Personen möglich ist. Die genauen Berechtigungen werden im Kapitel 4.11.3 näher erläutert. Auf dem kompletten Prozess wird im Kapitel 4.11.2 eingegangen.

Ein Mitarbeitergespräch kann für einen Mitarbeiter nur gestartet werden wenn für ihn im aktuellen Jahr noch keine Gespräche existieren. Ebenso darf nur der direkte Vorgesetzte des Mitarbeiters oder dessen HR-Abteilung ein Gespräch initiieren.

Sobald ein Gespräch gestartet ist, dann ist dies dem Mitarbeiter und dem zugeordneten Vorgesetzten in der Übersicht sichtbar. Diese Darstellung geschieht in Tabellenform, die Tabelle 20 erläutert die Spalten und dessen Bedeutung.

Spalte	Erläuterung
Beurteilungsjahr	In dieser Spalte steht das Jahr der Beurteilung. Es wird wiedergeben, in welchem Jahr das Gespräch gestartet und somit durchgeführt wurde.
Gesellschaft	Dadurch, dass in einigen Ländern verschiedene Gesellschaften existieren, soll diese Spalte aufzeigen zu welcher Gesellschaft das Gespräch gehört.
Mitarbeiter	In dieser Spalte steht der Mitarbeitername, für den das Gespräch geführt werden soll
Vorgesetzter	In dieser Spalte steht der Name des Vorgesetzten zum Mitarbeiter.
Status Freigabe	Diese Spalte beinhaltet die Freigabestufe. Es existieren zwei Freigabestufen, die von dem Mitarbeiter und seinem Vorgesetzten durchgeführt werden müssen. Die jeweilige Freigabe wird mit einem grünen Punkt dargestellt, ist eine Freigabe noch nicht erfolgt signalisiert dies einen gelben Punkt.
Status Unterschrift	Für ein Mitarbeitergespräch müssen drei Unterschriften durchgeführt werden. Beteiligt sind hierbei, wie bei der Freigabe der Mitarbeiter und deren Vorgesetzten darüber hinaus die Involvierung der nächst höheren Vorgesetzten. Auch hier wird der jeweilige Status mit einem grünen und einem gelben Punkt dargestellt.

Tabelle 20: Angezeigte Spalten in der Übersicht

4.11.1 Performance-Bogen

Bevor auf die Berechtigung und den Prozess der Bewertung eingegangen wird, soll erst der Bogen und somit das Kernstück des Moduls erläutert werden. Der Performance-Bogen ist in drei Bereiche aufgeteilt:

- Mitarbeiterdaten
- Mitarbeiterfeedback
- Performance Review
- Perspektiven & Entwicklungsplan

Jeder Bereich besitzt eine eigene Berechtigung die im Kapitel 4.11.3 näher erläutert wird, nachfolgend werden die einzelnen Bereiche und Ihre Bedeutung erläutert.

Mitarbeiterdaten

In diesem Bereich werden die Mitarbeiterkopfdaten hinterlegt. Darunter fallen Angaben wie der Name des Mitarbeiters, dessen Abteilung und die wichtigen Daten wie Zugehörigkeit zum Unternehmen und seit wann er die aktuelle Position ausübt.

Mitarbeiterfeedback

Dieser Bereich beinhaltet Angaben zur Beurteilung des direkten Vorgesetzten und dessen Planungsfähigkeit. Dies geschieht in drei unterschiedlichen Themenbereichen und wird mit Freitextfeldern durchgeführt.

Der erste Bereich dient der Beurteilung des geplanten Entwicklungsplans vom Vorjahr. Es soll die Planungsfähigkeit des Vorgesetzten beurteilt werden.

Der zweite Bereich soll den Mitarbeiter die Möglichkeit geben, eine Aussage darüber zu geben, welche Aufgaben der Mitarbeiter in den letzten 12 Monaten durchgeführt hat. Das soll später dem Vorgesetzten zeigen, welche Verantwortlichkeiten und Aufgaben der Mitarbeiter in der Vergangenheit hatte.

Der dritte Bereich soll ein allgemeines Feedback über die Arbeitssituation und das Umfeld einholen.

Performance Review

Dieser Bereich hat ausschließlich den Fokus auf die Bewertung des Mitarbeiters. Die Angaben werden mit einem Stufenverfahren durchgeführt, so ergeben sich insgesamt 6 Stufen von „Erfüllt die Anforderungen nicht" bis „Übertrifft die Anforderungen", die der Vorgesetzte zur Bewertung des Mitarbeiters verwenden kann. Bewertet werden vier Aspekte die jeweils mit drei Bewertungskriterien unterteilt sind:

- **Kundenzufriedenheit & Geschäftsdenken**

  Dieser Abschnitt soll die allgemeine Kundenzufriedenheit und die Verfolgung der Unternehmensziele durch den Mitarbeiter bewerten. Dazu existieren drei Fragestellungen die mit der Stufenbewertung auszufüllen sind:

  1. Besitzt der Mitarbeiter einen gewissen Fokus zum Kunden und versucht er diesen an das Unternehmen zu binden?

  2. Nimmt der Mitarbeiter Änderungen im Prozess auf und führt diese im Sinne des Unternehmens durch?

  3. Besitzt der Mitarbeiter einen Geschäftssinn mit dem er das Unternehmen zu seinem Ziel unterstützten kann?

- **Leistungsbereitschaft & Arbeitsergebnisse**

  Hier wird die Leistungsbereitschaft des Mitarbeiters bewertet. Ebenso werden die Arbeitsergebnisse, die eventuell durch innovative Ideen erzeugt werden, mitbewertet. Grundlegend existieren dazu die folgenden Fragestellungen:

  1. Besitzt der Mitarbeiter eine ausgeprägte analytische Kompetenz?

2. Arbeitet der Mitarbeiter lösungsorientiert, und nimmt auch gern Verantwortung auf sich?

3. Ist der Mitarbeiter bereit, hochwertige Arbeit zu leisten, und das in einem zugesagten Zeitraum?

- **Zusammenarbeit und Kommunikation**
  Wie der Name bereits andeutet wird die Stärke in der Zusammenarbeit und der Kommunikation bewertet, somit auch das Konfliktmanagement. Dazu sollen die folgenden drei Fragen beantwortet werden:
  1. Ist der Mitarbeiter kooperativ und gibt sein Wissen auch an Andere weiter?
  2. Kann der Mitarbeiter mit Konflikten professionell umgehen, und diese auch mit einer win-win Lösung eliminieren?
  3. Sind die kommunikativen Stärken vorhanden, und kann er auch Meinungen anderer Mitarbeiter einholen, um sich so verbessern zu können?

- **Management Fähigkeiten**
  Hier werden die Fähigkeiten zur Führung eines Teams bewertet. Dieser Abschnitt ist insofern wichtig, wenn sich der Mitarbeiter für eine Beförderung melden will. So kann anhand der Ergebnisse ein Bild vom Fortschritt gemacht und entscheiden werden, ob er für die Stelle geeignet ist oder nicht. Die folgende Fragestellung soll dafür als Maßstab genommen werden:
  1. Besitzt der Mitarbeiter eine strategische Fähigkeit, kann er Aufgaben delegieren und den Mitarbeitern die strategische Ausrichtung des Unternehmens vermitteln?
  2. Kann er die Mitarbeiter motivieren und somit seine Motivationskompetenz unter Beweis stellen?
  3. Fordert der Mitarbeiter Leistungen ein und gibt er seinen Mitarbeitern seine Erwartungshaltung weiter und stellt so sein Performance Management unter Beweis?
  4. Hat sich der Mitarbeiter zu den oben genannten Punkten weiterentwickelt?

Zu jedem dieser Aspekte kann der Vorgesetzte einen erklärenden Kommentar hinzufügen um fragliche Entscheidungen zu begründen. Darauffolgend wird eine Bewertung der sog. Shared Values angegeben. Bewertet werden hier fünf Skills[64] mit einer drei Stufen Skala („Normal", „Gut", „Hervorragend"). Die Skills zeichnen die Führungskraft des Mitarbeiters aus, die Skills lauten:
- Einhaltung von Absprachen
- Fähigkeit zu delegieren
- Baut Partnerschaften auf
- Fördert das Vertrauen
- Übernimmt Verantwortung

Auf Basis der Ergebnisse kann ein Eindruck der Führungsfähigkeit gegeben werden. Ist das Ergebnis im hervorragenden Bereich, so sollte dem Mitarbeiter eine Stelle als Führungskraft eher angeboten werden, als jemandem der mehr im mittleren Bereich bzw. im normalen Bereich ist.

Als letzter Bereich im Performance Review folgt die Stärken / Schwächen Analyse. Hier sind max. drei Stärken und drei Schwächen als Freitext hinterlegt. Die Angaben haben unterschiedliche Ziele. Für die HR-Abteilung kann so ein Bonus System für den Mitarbeiter mit persönlichen Zielen geschaffen werden. Mit Hilfe des Bonus Systems ist dem Mitarbeiter ein Motivationsanreiz gegeben, damit er seine Schwächen zu Stärken wandeln kann. Für den Mitarbeiter ist die Einschätzung der Stärken ein Feedback, ob er sich im Vergleich zum Vorjahr verbessert, oder ob sich gar keine Veränderungen gezeigt haben.

---

[64]Engl. für Fähigkeit (`http://dict.leo.org/#/search=skill`)

Zu guter Letzt soll im Rahmen des Performance Reviews Abschnitt die gesamte Leistung der letzten 12 Monate bewertet werden. Dies erfolgt ebenso in einer Skalen Bewertung mit den Werten 1-6, bei dem 6 der Beste und 1 der schlechteste Wert ist. Diese Bewertung soll dem Vorgesetzten eine Möglichkeit geben, ein Gesamteindruck des Mitarbeiters zu bewerten, und somit nicht in Versuchung kommen die übrigen Ergebnisse zu verfälschen, nur damit das Gesamtergebnis besser darstellt.

Perspektiven & Entwicklungsplan

Dieser Bereich beinhaltet Angaben über die Perspektiven im Unternehmen und Bereitschaft zur Veränderung. Im Anschluss daran werden die Daten aufgenommen, wie der nächste Entwicklungsschritt auszusehen hat. Dieser Bereich ist auch nur dann auszufüllen, wenn bei einem Mitarbeiter ein Entwicklungspotential gesehen und zeitgleich eine Entwicklung vorgenommen wird.

Somit beginnt der erste Teil mit den Angaben der Perspektiven. In diesem Abschnitt muss der Vorgesetzte angeben, ob der Mitarbeiter geeignet ist eine Position aufzusteigen, oder ob er eher die Position beibehalten, aber ein anderes Aufgabenfeld erhalten soll (Horizontales bzw. Vertikales aufsteigen). Zusätzlich zu dieser Angabe muss eine Zeitangabe erfolgen („Kurzfristig (bereits im nächstem Jahr)", „Mittelfristig (1-3 Jahre)", „Langfristig (4-6 Jahre)". Diese Eingaben werden nicht als Freitext durchgeführt, sondern durch eine Vorauswahl definiert. Sobald eine Aussage über das Potential eingegeben ist, muss gleichzeitig ein Zeitrahmen definiert und zusätzlich ein Kommentar angegeben werden.

Als nächsten Schritt gibt der Vorgesetzte einen groben Fahrplan für das nächste Jahr an. Diese Angabe soll zeigen wie der Mitarbeiter zu dem Ziel gelangen soll. Zusätzlich muss eine Aussage darüber getroffen werden, ob der Mitarbeiter bereit ist Reisetätigkeiten zu übernehmen (National und International).

Abschließend soll ein Entwicklungsplan ausgearbeitet werden. Dieser Entwicklungsplan ist ähnlich einer HR-Scorecard. Die Tabelle 21 gibt einen Überblick über die Angaben des Entwicklungsplans. Beispielsweise kann ein Entwicklungsumfeld die Verbesserung der

Feld	Erläuterung
Vereinbartes Entwicklungsumfeld	Ist das Entwicklungsziel mit dem Mitarbeiter abgestimmt, so ist dies hier festzuhalten.
Vereinbarte Maßnahme zur Erlangung	Sobald das Ziel gesetzt ist, wird eine Maßnahme vereinbart um das Ziel zu erreichen.
Leistungsdatum	Dies soll ein Zieldatum definieren, bis wann das Ziel spätestens erreicht sein muss.
Erreicht wenn:	Hier wird eine Aussage festgehalten, wann ein Ziel erreicht ist.

Tabelle 21: Angaben des Entwicklungsplans

Sprache Englisch sein. Somit kann die vereinbarte Maßnahme Englischunterricht darstellen. Doch bis spätestens Ende des nächsten Jahres soll eine Verbesserung stattgefunden haben. Eine Messung kann beispielsweise durch einen TOEIC[65]-Test durchgeführt werden. So ist auch zu erkennen dass diese einer HR-Scorecard ähnelt. Insgesamt können hier maximal drei Entwicklungsfelder definiert werden.

---

[65]Test of Englisch for Internation Communication

Persönliche Ansicht des Mitarbeiters

Abschließend muss noch erwähnt werden, dass die letzten beiden Bereiche **Performance Review** und **Perspektiven & Entwicklungsplan** für die Bewertung vom Vorgesetzten auszufüllen ist. Jedoch besitzt der Mitarbeiter eine eigene Ansicht, in der er seine Einschätzung hinterlegen kann. Diese persönliche Ansicht fließt nicht in den Berichten ein, sondern dient lediglich für eine persönliche Einschätzung. Die persönliche Ansicht ist zudem farblich gesondert gekennzeichnet, damit keine Irritationen bei der Eingabe auftreten.

4.11.2 Prozess

Der Prozess des Gesprächs wird mit insgesamt vier Rollen durchgeführt: Mitarbeiter, Vorgesetzter, nächst höherer Vorgesetzter und die HR. Die beiden Hauptakteure sind der Mitarbeiter und sein direkter Vorgesetzter. Fällt der Vorgesetzte aus, so ist der HR-Mitarbeiter in der Lage, den Prozess selbst weiter zu führen, oder aber auch komplett zurücksetzen und dem Mitarbeiter einen anderen Vorgesetztem zuzuweisen. Die Rolle des nächst höheren Vorgesetzten ist nur rein informell und soll dazu dienen dass Gespräche gerecht ablaufen. In der Praxis läuft ein Mitarbeitergespräch wir folgt ab:

Der Mitarbeiter und sein Vorgesetzter bereiten sich auf das Gespräch vor. Sie machen sich einen gemeinsamen Termin, in dem Sie ihre Bewertungen beide gegenüber offerieren. Anschließend werden Ziele vereinbart und niedergeschrieben. Diese Ziele und ebenso die Bewertung werden von beiden Parteien unterschrieben und dem nächsthöheren Vorgesetztem weitergereicht. Dieser prüft die Angaben und gibt, soweit alles OK ist, ebenfalls seine Unterschrift und bekräftigt diese Entscheidung damit. Die HR erhält die Daten und kann mit diesen weitere Arbeiten durchführen.

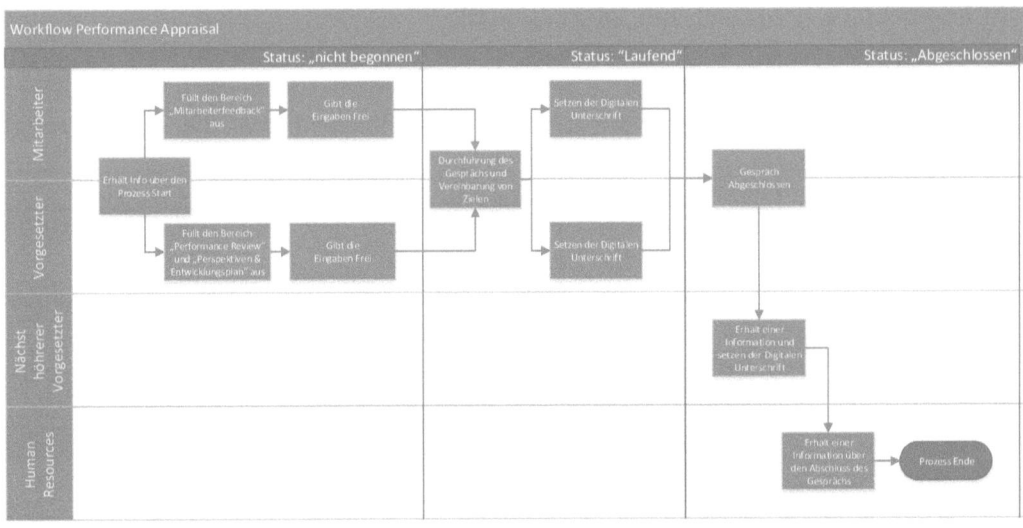

Abbildung 13: Swimlane Darstellung des gesamten Prozess

Ziel dieser Konzeption soll es sein, den Prozess systemisch abzubilden. Das Ergebnis ist in Abbildung 13 dargestellt. Begonnen wird ein Prozess vom Vorgesetzten oder von der HR-Abteilung. Sobald der Prozess einmal aktiv initiiert ist, erhalten der Mitarbeiter und sein Vorgensetzer eine E-Mail mit der Benachrichtigung, das der Prozess gestartet ist. Der Status des Mitarbeitergesprächs steht auf 'nicht gestartet'. Der Mitarbeiter kann nun in den Kopfdaten seine Daten einsehen, ändern darf er nur das Datum seit wann er sich in der aktuellen Position befindet. Die restlichen Daten müssen von der HR-Abteilung gepflegt werden. Weiter kann der Mitarbeiter seine Angaben in dem Bereich 'Mitarbeiterfeedback' durchführen. Im aktuellen Status kann der Mitarbeiter den Bereich 'Performance Review' und 'Perspektiven & Entwicklungsplan' nicht einsehen, jedoch darf er Angaben dazu in seiner persönlichen Ansicht durchführen. Diese darf der Vorgesetzte nicht einsehen.

Der Vorgesetzte hingegen kann im aktuellem Zustand alle Bereiche außer 'Mitarbeiterfeedback' einsehen. Dieser Prozess geschieht in der Regel vorbereitend vor dem Mitarbeitergespräch.

Bei Beiden besteht nun die Möglichkeit die Daten 'Freigeben' zu können. Dies bewirkt, dass die bisher nicht sichtbaren Bereiche nun mit den ausgefüllten Daten sichtbar werden. Sobald einer der Beiden seinen Bereich freigibt, ist der Status des Gesprächs auf 'laufend' gesetzt. Jetzt beginnen der Mitarbeiter und sein Vorgesetzter das Gespräch zu führen, Ziele zu definieren und Korrekturen an Bewertungen vorzunehmen. In diesem Status ist es beiden Parteien erlaubt, Änderungen an allen Daten durchzuführen. Sobald beide Parteien mit dem Ergebnis zufrieden sind besteht die Möglichkeit, das Formular zu 'Unterschreiben'. Führt dies eine Partei durch, ist jeder Bereich des Formulars nicht mehr editierbar. Es kann somit nach einer abgegebenen Unterschrift keine Veränderung mehr erfolgen. Die jeweils andere Partei kann ab jetzt ebenfalls nur noch unterschreiben. Der Status wird auf 'Abgeschlossen' gesetzt, und der nächst höhere Vorgesetzte Informiert.

Ab jetzt ist für ihn das Gespräch in seiner Übersicht sichtbar, und kann die Daten bzw. Ergebnisse einsehen und mit einer Unterschrift bestätigen. Ist dies erfolgt, dann erhält die HR-Abteilung eine E-Mail mit der Information über den Abschluss des Gesprächs und kann die Daten jetzt zur Weiterverarbeitung verwenden.

Eingabeprüfungen

Für das Mitarbeitergespräch existieren unterschiedliche Regeln. Generell darf nur ein Mitarbeitergesprächsprozess pro Mitarbeiter pro Jahr durchgeführt werden. Daher prüft das System ob für den Mitarbeiter bereits ein Prozess für das entsprechende Jahr durchgeführt wird. Des Weiteren gelten noch Eingabeprüfungen in dem Performance-Bogen speziell in den Bereichen **Performance Review** und **Perspektiven & Entwicklungsplan**:

- **Performance Review**
  In diesem Bereich müssen alle Angaben, außer den Stärken und Schwächen ausgefüllt werden.
- **Perspektiven & Entwicklungsplan**
  Dieser Bereich beinhaltet eine etwas komplexere Validierungslogik.
  Ist eine Perspektive angegeben, so ist ebenfalls ein Zeitraum und ein Kommentar anzugeben.
  Ist die Frage zur Mobilität gefüllt, so muss dort ebenfalls ein Kommentar angegeben sein. Da im Entwicklungsplan ein Entwicklungsziel angegeben werden kann, ist pro Ziel immer die Maßnahme, dass Durchführungsdatum und eine Bedingung zur Zielerreichung auszufüllen.

Diese Eingabeprüfungen werden jedoch erst geprüft, sobald die Unterschrift des verantwortlichen Mitarbeiters gesetzt wird. So ist es möglich, dass offene Bewertungen in einem gemeinsamen Gespräch geklärt werden und der Vorgesetzte ist nicht gezwungen ist, im Vorfeld alles definieren zu müssen.

4.11.3 Berechtigung

In diesem Modul existieren allgemeine Berechtigungen (siehe Tabelle 22), mit diesen sind die Standard Operationen wie erstellen, bearbeiten und löschen gemeint. Zu diesem Modul hat jeder Benutzer Zutritt. Administriert wird dieses Modul von der SharePoint Sicherheitsgruppe „Staff_Appraisal" die in der Praxis durch die HR besetzt wird, daher wird

HR als Rolle verwendet.

Rolle	Sehen	Erstellen	Bearbeiten	Löschen
Mitarbeiter	X	-	X	-
Vorgesetzter	X	X	X	X[a]
n.h. Vorgesetzter	X[b]	-	-	-
HR	X	X	X	X

Tabelle 22: Allgemeine Berechtigung des MAG-Moduls

[a]Darf nur löschen so lange der Status des Prozess auf Begonnen steht.
[b]Nur nach Komplettfreigabe durch Mitarbeiter und dessen Vorgesetzten.

In dem Formular selbst existieren ebenfalls Aktionen und diese werden je nach Gesprächs-status berechtigt. Wie in Abbildung 13 bereits zu sehen, existieren drei Status Arten: nicht begonnen, Laufend und Abgeschlossen. Die vorhandenen Aktionen sind Freigabe, Unterschrift und Abschließen. Die Tabelle 23 gibt den Überblick über die Berechtigung, zu dem jeweiligen Status.

Status	Rolle	Freigabe	Unterschrift	Abschließen
nicht begonnen	Mitarbeiter	X	-	-
	Vorgesetzter	X	-	-
	n.h. Vorgesetzter	-	-	-
	HR	-	-	-
Laufend	Mitarbeiter	-	X	-
	Vorgesetzter	-	X	-
	n.h. Vorgesetzter	-	-	-
	HR	-	-	X
Abgeschlossen	Mitarbeiter	-	-	-
	Vorgesetzter	-	-	-
	n.h. Vorgesetzter	-	X	-
	HR	-	-	X

Tabelle 23: Berechtigung nach Status im MAG-Formular

Sonderfall HR-Berechtigung

Die HR-Abteilung, die sich in der SharePoint Gruppe „Staff_Appraisal" befindet, besitzt in diesem Prozess jederzeit die Berechtigung das Gespräch zurück zu setzen. Dies hat zur Folge, dass nur der Prozess zurückgesetzt wird. Jede Unterschrift und Freigabe wird somit entfernt bzw. zurückgesetzt. Die bereits eingegebenen Daten werden dabei nicht aus der Datenbank gelöscht. Tritt in der Praxis der Fall ein, dass ein Vorgesetzter vor Abschluss des Gesprächs nicht mehr in dem Unternehmen tätig ist, dann ist die HR-Abteilung in der Lage, das Gespräch komplett abzuschließen. Gleicher Fall ist, wenn der nächsthöhere Vorgesetzte noch nicht definiert ist. Ein Abschließen des Gesprächsprozess hat zur Folge, dass die fehlenden Unterschriften direkt gesetzt werden. Die Unterschriften werden in diesem Fall von dem HR-Mitarbeiter gesetzt. Das bedeutet, dass der Name des HR-Mitarbeiters als Signierer verwendet wird.

4.11.4 Abnahmekriterien

Für die erfolgreiche Abnahme des Moduls gelten folgende Kriterien:

- **Ein Gespräch kann nur vom Vorgesetzten oder von einem Mitarbeiter aus der SharePoint Gruppe „Staff_Appraisal" initiiert werden.**
- **Jeder Mitarbeiter aus der Gruppe „Staff_Appraisal" kann das Gespräch zu jeder Zeit zurücksetzen.**
  Bereits eingegebene Daten gehen dabei nicht verloren.
- **Jeder Mitarbeiter darf Zugriff zu diesen Modul besitzen.**
  Es gilt zu beachten, dass der Mitarbeiter nur seine eigenen Gespräche, der Vorgesetzte alle Gespräche seiner Abteilung sehen darf.
- **Der nächst höhere Vorgesetzte sieht die zu unterschreibenden Gespräche erst, wenn das Gespräch auf der unteren Ebene bereist von beiden Parteien unterschrieben ist.**

4.12 Auswertungen

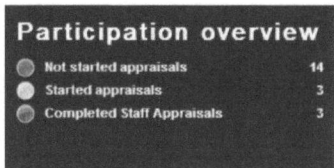  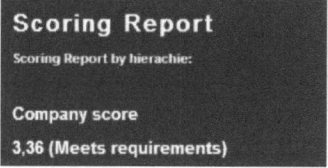

Abbildung 14: Einstiegsmaske für die Auswertungen

4.12.1 Berechtigung

Die Berechtigung in diesem Modul ist immer gleich, daher kann das Thema hier zentralisiert werden. Zugriff auf dieses Modul besitzen nur die Mitarbeiter, die sich in der SharePoint Sicherheitsgruppe „Report" befinden. Hier existiert jedoch ein Sonderfall, was die Gesellschaftseinschränkung betrifft. Wenn ein Benutzer zwei (oder mehr) unterschiedlichen Gesellschaften in der „Report" Sicherheitsgruppen angehört, werden ihm auch die Daten dieser Gesellschaften angezeigt.

4.12.2 Auswertung nach Teilnahme

Die Auswertung soll zeigen, in welchen Status sich die aktuellen Gespräche in dem Unternehmen befinden. Die Einstiegskachel (linke Kachel in Abbildung 14) gibt bereits mit den Ampelfarben einen Einblick über die aktuelle Situation. Ist die Seite aufgerufen, so erscheint eine Kuchendiagramm Anzeige, gefolgt von einer Detailliste auf.
Das Kuchendiagramm spiegelt die Farben der Kachel wieder. Somit bedeutet der rote Anteil die noch nicht begonnenen Gespräche, die Gelben zeigen die aktuell laufenden und die Grünen die bereits abgeschlossenen Gespräche auf. In der Legende ist die Farbgebung zum jeweiligen Status noch einmal ausgegeben. In der Detailliste werden die dazugehörigen Daten ausgegeben, die angezeigten Spalten werden in der Tabelle 24 aufgezeigt.
Als Filtermöglichkeit steht hier eine Jahresauswahl zur Verfügung. Diese Jahresauswahl spiegelt den Datenbestand in der Datenbank wieder, so werden nur Jahreswerte angezeigt, in denen es bereits Gespräche gibt. Sobald sich die Zeitraumselektion ändert, werden die entsprechenden Daten in der Liste geladen und das Kuchendiagramm angepasst.

Export
Die angezeigten Daten lassen sich als Excel Datei exportieren. In der exportierten Excel

Spalte	Erläuterung
Gesellschaft	Der Name der Gesellschaft. Diese Spalte wird nur angezeigt wenn der Benutzer in mehr als einer Gesellschaft tätig ist.
Mitarbeiter	Der Name des Mitarbeiters, für den das Gespräch stattfindet.
Vorgesetzter	Der Name des zugehörigen Vorgesetzten der das Gespräch leitet.
Erstellt am	Dies ist der Zeitstempel an dem der Prozess gestartet wurde.
Status	In dieser Spalte wird der derzeitige Status des Gesprächs aufgezeigt.

Tabelle 24: Spaltenerläuterung für die Detailtabelle in der Teilnahme Auswertung

Datei befinden sich fünf Arbeitsmappen. In der Ersten werden, nach Status, aggregierte Daten und das Kuchendiagramm für die visuelle Darstellung angezeigt. In der zweiten Arbeitsmappe werden die laufenden Gespräche angezeigt, in der Dritten die noch nicht gestarteten, in der Vierten die beendeten Gespräche. Die letzte Arbeitsmappe beinhaltet noch einmal alle Daten im Rohformat, sodass benutzerdefinierte Filter auf die Daten gesetzt werden können.

4.12.3 Konsolidierter Report

Dieser Report beinhaltet eine konsolidierte Darstellung aller Eingabedaten, aufgelistet nach Mitarbeiter aus dem Performance-Bogen. Gelangt der Benutzer in diese Ansicht, so wird ihm eine flache Liste angezeigt. Die Tabelle 25 gibt die angezeigten Spalten wieder und erläutert deren Bedeutung. Die Daten können, ebenfalls wie beim Report nach Teilnahmen, nach Jahr gefiltert werden. Zusätzlich besteht die Möglichkeit, einen Filter auf die Organisationseinheit und optional auch für den Mitarbeiter zu setzten. Demnach ist es möglich, gezielt einen Mitarbeiter herauszusuchen und dessen Eingaben anzuzeigen. Ist der aktuelle Benutzer für mehr als nur einer Gesellschaft tätig, dann wird ihm noch die Gesellschaft als Filterkriterium angeboten. Die Filter haben eine kaskadierte Funktion. Wählt der Benutzer beispielsweise eine Organisationseinheit aus, dann ist die Auswahl der Mitarbeiter so eingeschränkt, das nur die Mitarbeiter angezeigt werden, die zu der Organisation gehören.

Spalte	Erläuterung
Mitarbeiter	Dieses Feld beinhaltet den Mitarbeiternamen.
Gesellschaft	Dieses Feld beinhaltet den Namen der Gesellschaft, zu dem der Mitarbeiter gehört.
Bereich	Hier wird der jeweilige Bereich des Performance-Bogens angezeigt.
Feld	Hier wird das jeweilige Bewertungskriterium und / oder Frage angezeigt.
Inhalt	In dieser Spalte werden die zugehörigen Antworten bzw. Benutzereingaben angezeigt.

Tabelle 25: Spaltenerläuterung für die Konsolidierte Auswertung

Export

Der Export unterteilt sich in zwei unterschiedliche Exporte. Ein komplett Export aller

Daten des aktuell gewählten Jahres, oder der Export der dargestellten Daten. Diese Unterteilung ist durch die Darstellungsgrenze bedingt, denn in Anzeige werden maximal 30 Ergebniseinträge in der Liste dargestellt. Wird nur der Export der Angaben von einer einzelnen Person benötigt, dann ist der Export von Anzeigedaten optimal nutzbar. Ist jedoch ein kompletter Abzug aller Daten von einem Jahr zur internen Auswertung erforderlich, dann ist der komplette Export die richtige Wahl.

Jeder der beiden Exporte erstellt eine Excel Datei mit den gleichen Anzeigedaten wie im Frontend. Die Daten werden in einer einzigen Excel Arbeitsmappe abgelegt. Diese Daten sind ebenfalls mit einem automatischen Filter versehen, so dass der Benutzer nach dem Download der exportierten Datei direkt auf einem bestimmten Kriterium selektieren und die Ergebnisse auswerten kann.

4.12.4 Scoring Report

Der Scoring Report soll zeigen, in welchem Score-Bereich sich der Mitarbeiter befindet. Als Basis werden die Werte aus den Skalen Angaben, des Bereichs „Performance Review" des Performance-Bogens zur Berechnung herangezogen. Betreten kann er das Modul durch die rechte Kachel aus Abbildung 14. In dieser Kachel wird initial der durchschnittliche Score Wert des gesamten Unternehmens angezeigt. Befindet sich der Benutzer in diesem Modul, so werden ihm sofort, sofern vorhanden, die Score Daten der eigenen Gesellschaft angezeigt. Die Anzeige erfolgt als flache Ergebnisliste und visuell als Balkendiagramm, die Bedeutung der Spalten aus der Ergebnisliste, sind in Tabelle 26 näher erläutert.

Spalte	Erläuterung
Gesellschaft	Dieses Feld beinhaltet den Namen der selektierten Gesellschaft.
Organisationseinheit	Dieses Feld beinhaltet den Namen der Organisationseinheit die selektiert ist[a].
Mitarbeiter	Dieses Feld beinhaltet vollständigen Namen des selektierten Mitarbeiters[b].
Bewertungskriterium	Hier wird das Bewertungskriterium ausgegeben, dies spiegelt sich wieder zu dem Kriterium aus dem Bereich „Performance Review".
Durchschnitt Gesellschaft	Hier wird der Durchschnittswert für die Gesellschaft zum Bewertungskriterium angezeigt.
Durchschnitt der Organisationseinheit	Dieses Feld zeigt den Durchschnittswert für die Organisationseinheit zum Bewertungskriterium an[a].
Durchschnitt des Mitarbeiters	Dieses Feld zeigt den Wert zum Bewertungskriterium an, der für den Mitarbeiter angegeben wurde[b].

Tabelle 26: Spaltenerläuterung für den Scoring Report

---

[a]Wird angezeigt, wenn eine Organisationseinheit ausgewählt wurde
[b]Wird angezeigt, wenn ein Mitarbeiter ausgewählt wurde

Als Filter stehen die Jahresauswahl und ein kaskadierter Filter (siehe Abbildung 15) bereit. In der Jahresselektion, sind nur Jahre ausgegeben in denen bereits Gesprächsdaten existieren. Der Kaskaden Filter besteht aus den Elementen: Gesellschaft, Organisationseinheit und Mitarbeiter Die Funktion ist wie folgt, wird eine Gesellschaft gewählt, dann sind im Organisationseinheiten-Dropdown[66] die zur Gesellschaft zugehörigen Organisationseinheiten gefüllt. Gleiches gilt wenn eine Organisationseinheit ausgewählt ist, danach

---

[66]Eine Liste von Auswahlelementen siehe auch: http://www.techterms.com/definition/dropdownmenu

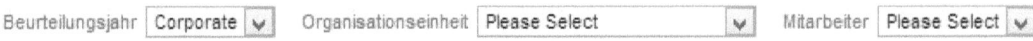

Abbildung 15: Kaskaden Selektionsfilter

sind im Mitarbeiter-Dropdown die der gewählten Organisationseinheit aufgelistet. Durch diese Filterung ist es möglich, unterschiedliche Ebenen abzubilden.

Je nach selektierter Ebene sind die jeweiligen Datenspalten in der Ergebnisliste angezeigt. Wie in Tabelle 26 beschrieben, werden die Daten für die Organisationseinheit nur dann sichtbar, wenn auch tatsächlich eine Organisationseinheit gewählt wurde. Das gleiche gilt auch für die Mitarbeiterdaten.

Export

Als Export wird hier, wie bei den anderen Exporten, ebenfalls eine Excel Datei erzeugt. In diesem Export befinden sich zwei Arbeitsmappen, die Erste beinhaltet alle Rohdaten. Diese Rohdaten wurden zur Berechnung der jeweiligen Durchschnittswerte verwendet. Die zweite Arbeitsmappe beinhaltet die angezeigte Tabelle, somit die aggregierten Daten für die jeweilige Selektionsebene. Zusätzlich bilden diese Daten die Grundlage für das beinhaltende Balkendiagramm, welches die Daten visuell darstellen soll.

Wie auch in der Anzeige werden in dem Export nur die angezeigten Daten exportiert. Wenn der Benutzer eine Organisationseinheit gewählt hat, sind ihm in der zweiten Arbeitsmappe, auch die Spalten mit den Informationen zur Organisationseinheit zur Ansicht exportiert. Gleichzeitig werden ihm auch die dazugehörigen Rohdaten übertragen. Hierdurch kann auch manuell ein direkter Benutzer gewählt und manuell ausgewertet werden.

Die Beschriftung der zweiten Arbeitsmappe wird durch die Ebenen Auswahl gesteuert, es gilt immer die niedrigste gewählte Ebene. Wird z.B. eine Organisationseinheit gewählt, so sind der Titel der Arbeitsmappe, der Name der gewählten Organisationseinheit, die gleichen Ansichten, die für den Mitarbeiter auch gelten.

5 Aktueller Stand des Projekts

Zum Zeitpunkt der Finalisierung der Abschlussarbeit, ist die Entwicklung bereits durchgeführt und befindet sich im produktivem System des Kunden. Die Rückmeldungen waren bisher sehr positiv. Die geplante Prozesserleichterung wurde vollständig erreicht, ebenso besitzt die HR-Abteilung nun ein Werkzeug für das entsprechende Reporting der Eingabedaten. Durch die intuitive Bedienoberfläche und die dazugehörige Benutzerführung gestalten sich auch die Kosten zur Einführung in einen minimalen Rahmen.

Aktuell wird das System einen Benutzerkreis von 20 Personen zugänglich gemacht und, die komplette Freischaltung für das gesamte Unternehmen ist schrittweise bis Q1 2015 geplant. Somit kann die Applikationslast schrittweise angehoben und unter Kontrolle behalten werden.

Ein nicht unwesentlicher Punkt ist die Organisationspflege. Durch die Applikation ist die HR in der Lage, eine korrekte Organisationsstruktur abzubilden. Der erhoffte Mehrwert zur Wiederverwendung blieb nicht ohne Folgen. Bereits jetzt werden so gut wie alle Organisationseinheiten bzw. die entsprechenden SharePoint Gruppen für die Rechtevergabe verwendet.

Da ein System dieser Größenordnung nicht ohne existiert bleibt nicht aus. So werden gemeldeten Fehler aus dem Live Betrieb gesammelt und nach Absprache sowie verfügbarem Budget bereinigt. Des Weiteren sind neue Features in Planung, beispielsweise ein Export der Performance-Bögen in das Archivsystem D.3[67]. Ebenso sind einige Usability Erweiterungen geplant.

6 Fazit

Durch den Erfolg der Applikation ist zu sehen, dass grade im HR-Bereich viel durch Automatisierung zu erreichen ist. Sei es von der automatischen Initiierung der Gespräche, bis hin zur Auswertung der geführten oder aber auch der allgemeinen Gesprächsergebnisse. Durch den SharePoint ist eine Abteilung bzw. ein ganzes Unternehmen dem Bereich Kollaboration ein ganzes Stück näher gekommen. Beispielsweise können angelegte Organisationseinheiten, auch von der IT-Abteilung für die Rechtevergabe im SharePoint verwendet werden. Dadurch, dass die Anwendung auch Sprachunabhängig gestaltet ist, kann jeder Benutzer aus jedem Land gleichzeitig mit der gleichen Datenbasis arbeiten.

Als nächster großer Meilenstein, soll aufbauend auf der Erfahrung dieses Projekts ein ganzes HR-Modul konzipiert werden, was unter anderem auch ein Employee Self Service beinhaltet.

Zum Schluss kann somit gesagt werden, das das Thema Kollaboration auf dem Vormarsch ist, sei es mit einem SharePoint oder mit einer anderen Plattform.

---

[67]Homepage des Anbieters: `http://www.d-velop.de/de/solutions/d3_system/seiten/default.aspx`

Literatur

ASP, Microsoft MSDN: Übersicht über ASP.NET. Jan. 2014 ⟨URL: `http://msdn.microsoft.com/de-de/library/4w3ex9c2(v=vs.90).aspx`⟩ – Zugriff am 01.01.2014

Becker, Fred G.: Grundlagen betrieblicher Leistungsbeurteilungen - Leistungsverständnis und -prinzip, Beurteilungsproblematik und Verfahrensprobleme. 4. Auflage. Stuttgart: Schäffer-Poeschel, 2003, ISBN 978–3–791–02172–0

Becker, Manfred: Messung und Bewertung von Humanressourcen - Konzepte und Instrumente für die betriebliche Praxis. Stuttgart: Schäffer-Poeschel Verlag, 2008, ISBN 978–3–791–02654–1

Boddenberg, Ulrich B: Microsoft SharePoint 2010. Publishing, Customizing & Design, Bonn 2012

COURSE, WEEKEND CRASH: ASP .NET. 2002

Duden-Verlag: Definition Feature. Sept. 2013 ⟨URL: `http://www.duden.de/node/695656/revisions/1151907/view`⟩ – Zugriff am 20.12.2013

Eller, F.: Visual C# 2005: Grundlagen, Programmiertechniken, Datenbanken. Pearson Deutschland, 2006, Programmer's choice, ISBN 978–3–827–32288–3

Färber, Y./Stöwe, C.: Karrierefaktor Mitarbeiter führen. Haufe Mediengruppe, 2004, Haufe Test & Training, ISBN 978–3–448–06040–9

Garrett, Rob: Pro SharePoint 2013 Administration. Apress, 2013-05-22, ISBN 978–1–430–24941–2

Hagen, Fernuniversität: SSL und Zertifikate. ⟨URL: `http://wiki.fernuni-hagen.de/helpdesk/images-helpdesk/2/27/Handout.pdf`⟩

Hofbauer, Helmut/Winkler, Brigitte/Gajdacz, Rudolf Jan: Das Mitarbeitergespräch als Führungsinstrument -. 3. Auflage. München: Hanser, 2004, ISBN 978–3–446–22718–7

Holloway, R./Kyselica, A./Caravajal, S.: SharePoint 2007 and Office Development Expert Solutions. Wiley, 2007, Programmer to programmer, ISBN 978–0–470–09740–3

Jeff Kercher, Edward Jezierski: Authentifizierung in ASP.NET: .NET-Sicherheitsrichtlinien. Sep. 2001 ⟨URL: `http://msdn.microsoft.com/de-de/library/ms978378.aspx`⟩ – Zugriff am 10.12.2013

Jetter, Wolfgang: Performance Management entwickeln und einführen. Sept. 2013 ⟨URL: `https://www.schaeffer-poeschel.de/download/978-3-7910-2251-2/artikel_in_personal-manager.pdf`⟩ – Zugriff am 11.11.2013

Joos, Thomas: Microsoft SharePoint 2010 - SharePoint Server und SharePoint Foundation installieren, administrieren und erweitern. 1. Auflage. München: Pearson Deutschland GmbH, 2011, ISBN 978–3–827–33028–4

Kampffmeyer, U.: Enterprise Content Management: ECM. Project Consult Unternehmensberatung Kampffmeyer, 2006, ISBN 978–3–936–53409–2

Kirsten Bock, Sebastian Meissner: Jun. 2012 ⟨URL: `https://www.european-privacy-seal.eu/results/articles/DuD-Bock-201206.pdf`⟩ – Zugriff am 10.10.2013

Laahs, K./McKenna, E./Vanamo, V.M.: Microsoft SharePoint-Technologien: Planung, Design und Implementierung von Windows SharePoint Services. Addison-Wesley, 2006, net.com networking & communications, ISBN 978–3–827–32289–0

Larisch, D.: Praxisbuch Microsoft Office SharePoint Server 2007: praxisorientierte Schritt-für-Schritt-Anleitungen für SharePoint-Anwender. Hanser, 2009, ISBN 978–3–446–41707–6

Lehmann, L.: Lebenszyklusinformationen von Wissensdokumenten: Erfassung, Verwaltung und Validierung. 2010

Mauerer, Jürgen: Authentifizierung und Autorisierung: Übersicht. Nov. 2004 ⟨URL: `http://msdn.microsoft.com/de-de/library/bb979595.aspx`⟩ – Zugriff am 11.11.2013

Mollien, T./Hauser, T./Scharnagl, D.: Microsoft SharePoint Server 2007 im Einsatz: die Plattform für Business Intelligence und Zusammenarbeit im Unternehmen. Pearson Deutschland, 2008, ISBN 978–3–827–32456–6

Neumann, Jennifer: SharePoint Sicherheits-Konzepte. Mai 2007 ⟨URL: `http://www.finalcandidate.com/de/tandp/Pages/SharePointSecurityConcepts.aspx`⟩ – Zugriff am 09.12.2013

Office, Microsoft: Einführung in Dokumentenmappen. Jan. 2014 ⟨URL: `http://office.microsoft.com/de-de/sharepoint-server-help/introduction-to-document-sets-HA101782466.aspx`⟩ – Zugriff am 01.02.2014

Pattison, Ted: Features für SharePoint. Sept. 2013 ⟨URL: `http://msdn.microsoft.com/de-de/magazine/cc163428.aspx`⟩ – Zugriff am 18.12.2013

Pialorsi, Paolo: Microsoft SharePoint 2010 - das Entwicklerbuch. München: Microsoft Press, 2011, ISBN 978–3–866–45545–0

Sears, Russell/Van Ingen, Catharine/Gray, Jim: To BLOB or not to BLOB: Large object storage in a database or a filesystem? arXiv preprint cs/0701168 2007

Vincent, C.W.L.: Content, Management, System: The Construction of a CMS Evaluation Prototype from Communicative Perspectives. 2004

Weiand, Achim: Personalentwicklung für die Praxis - Werkzeuge für die Umsetzung. Stuttgart: Schäffer-Poeschel Verlag, 2011, ISBN 978–3–791–03117–0

Wenz, C. et al.: ASP.NET 4.0 mit Visual Basic 2010: leistungsfähige Webapplikationen programmieren ; [inklusive DVD-ROM mit Microsoft Visual Studio 2010 Express]. Pearson Deutschland, 2011, Programmer's Choice, ISBN 978–3–827–32930–1

Danksagungen

Hiermit möchte ich mich bei allen herzlich bedanken, die mich während der Anfertigung meiner Abschlussarbeit unterstützt haben. Speziell gilt mein Dank...

- An Herrn Stiven Raso für die angenehme Betreuung der Arbeit

- An Herrn Strebel, den Geschäftsführer der RealCore für die hilfreichen Tipps und die freundliche Genehmigung

- An allen meinen Korrekturlesern für das gewissenhafte Fehlerlesen und vor allem die Anregungen

- An meinen Eltern, Schwiegereltern für die Unterstützung und Motivation

- An meiner Frau und Familie für die wertvolle Unterstützung und das entgegengebrachte Verständnis

Glück auf!

Herne, den

Sascha Peter Bajonczak